Menschen in deutschen Städten

Kurzgeschichten in einfachem Deutsch

Konrad Kleefeld

SCHINKEN VERLAG
Inhaber: Julius Robert Wolff
Sokelantstraße 23, 30165 Hannover
Kontakt: info@schinken-verlag.de

1. Auflage

ISBN: 978-3-96891-015-4

Einführung

Die meisten Bewohner Europas sprechen als Muttersprache Deutsch, was sicherlich daran liegt, dass in Deutschland über 80 Millionen Einwohner leben. Aber nicht nur in Deutschland, Schweiz und Österreich wird Deutsch gesprochen. Auch viele Migranten, die in ihre Heimat zurückkehren, bringen Deutschkenntnisse in andere Länder. Dadurch kann man sich sogar in der Türkei, in Polen oder Italien auf Deutsch verständigen. Aber auch in Nord- und Südamerika, nahezu allen Ländern in Europa oder Russland gibt es deutsche Kolonien und deutsche Auswanderer. Durch diese hohe Sprecherzahl ist Deutsch als Weltsprache aufgeführt. Deutsch gehört zu den meistgesprochenen Sprachen der Welt.

Die deutsche Sprache ist einzigartig, was den Klang oder die präzisen Formulierungen betrifft. Beispielsweise saß ich mal in einem Taxi in Kolumbien und habe mich dort mit einer Freundin aus Deutschland auf Deutsch unterhalten. Eine Kolumbianerin, die mit im Taxi saß, sah uns erstaunt an. Wir entschuldigten uns, dass wir kein Spanisch sprechen, so dass sie uns auch verstehen kann. Sie erwiderte nur: „Nein, bitte sprecht weiter auf Deutsch. Deutsch klingt so wunderbar hässlich. Es ist so schön, wie die Wörter gebrochen werden. Ich möchte unbedingt diese Sprache lernen.“

Viele Menschen, die Deutschland nicht kennen, denken zunächst an das Oktoberfest oder an Lederhosen. Manche aber auch an die 12 traurigen Jahre des Nazi-Regimes. Doch heute ist Deutschland ein sehr vielseitiges Land. Die Lederhosen findet man übrigens nur im südlichen Teil, wo Bier in Litergläsern getrunken wird und die Menschen sehr gesellig sind. Der Norden hat eher einen kühlen Ruf. Die Menschen gelten als wortkarg. Der Westen ist hingegen recht bodenständig und sehr international geprägt. Der Osten, die ehemalige DDR, gehört noch nicht allzu lange zum wiedervereinten Deutschland. Aber auch hier trifft man sehr offene Menschen, die leider noch nicht alle so zufrieden scheinen wie im Westen Deutschlands.

Ich wünsche Ihnen viel Freude beim Lesen dieses Buches. Sie werden viele interessante Städte kennenlernen. Schauen Sie doch mal in der Karte nach, wo diese Städte liegen und überlegen Sie, ob Sie mehr über diese Städte erfahren wollen und ob Sie vielleicht Ihren nächsten Urlaub dorthin planen möchten. Ich jedenfalls heiße Sie herzlich willkommen!

Dennis aus Dortmund

Dennis hat ein großes Hobby, nämlich Fußball. Dieses Hobby teilen mit ihm viele Menschen im Ruhrgebiet. Das Ruhrgebiet ist ein Gebiet im Westen Deutschlands. Dort sind sehr viele Großstädte auf engem Raum dicht beieinander angesiedelt. Zum Beispiel die Städte: Essen, Duisburg, Dortmund, Oberhausen oder Bochum. Das sind nur einige der großen Städte dort. Insgesamt leben im Ruhrgebiet mehr als 10 Millionen Einwohner. Nirgendwo ist die Einwohnerdichte in Deutschland so hoch wie im Ruhrgebiet. Man verlässt eine Großstadt und schon ist man in der nächsten.

Viele Menschen im Ruhrgebiet haben einen speziellen Charakter. Sie haben sich dort angesiedelt, um in den Kohleminen zu arbeiten. Das war eine sehr harte Arbeit in den Bergwerken, die die Menschen prägte. Die harte Arbeit formte einen groben Charakter. Dafür sind die Menschen besonders emotional beim Fußballschauen. Die Identifikation mit den Vereinen ist groß. Schalke 04 oder Borussia Dortmund sind die erfolgreichsten Fußballvereine im Ruhrgebiet. Aber auch Rot Weiß Essen, Rot Weiß Oberhausen, VfL Bochum, MSV Duisburg sind große Vereine mit wechselhaftem Erfolg. Natürlich ist auch in anderen Teilen Deutschlands Fußball der Sport Nummer Eins, aber im Ruhrgebiet hat der einen ganz besonderen Stellenwert. Der Sport gleicht hier einer Religion.

Dennis und mit ihm nahezu alle Einwohner in Dortmund hassen Schalke 04, den Fußballclub aus Gelsenkirchen. Immer wenn Schalke 04 gegen Borussia Dortmund spielt, ist Ausnahmezustand in beiden Städten. Es ist eins der emotionalsten Fußballderbys in Deutschland und wahrscheinlich sogar auf der ganzen Welt.

Heute am Samstag um 15.30 Uhr spielen die beiden Vereine gegeneinander. Sie spielen im Stadion in Dortmund, das schon fast seit einem halben Jahr ausverkauft ist. Über 80.000 Menschen fasst das Stadion nahe dem Dortmunder Stadtzentrum. Dennis hat auch eine Karte und kann es kaum erwarten. Die ganze Woche wurde von nichts anderem geredet bei seiner Arbeit, beim Bäcker und in seiner Familie. Das Derby ist immer das Gesprächsthema Nummer Eins, egal wo man sich in Dortmund oder Gelsenkirchen befindet.

Dennis arbeitet in einem Handwerksbetrieb in der Nordstadt von Dortmund. Die Nordstadt ist ein eher einfacher Stadtteil, nördlich des Hauptbahnhofs. Dennis ist dort aufgewachsen. Zum Fußball und zu Borussia Dortmund kam er über seinen Vater und sein Vater über Dennis Großvater. Einmal Dortmunder, immer Dortmunder, sagt man in Dortmund. Seinen Verein kann man sich nicht aussuchen, man wird in den Verein hineingeboren.

In Dennis‘ Betrieb wird auch samstags gearbeitet. Die Produktion soll ja nicht am Wochenende stehen bleiben. Aber am Derbytag ist es natürlich selbstverständlich, dass der Chef die Mitarbeiter spätestens um 13.00 Uhr nach Hause schickt. Auch Dennis macht sich nach der Schicht direkt auf den Weg zum Stadion. Ein bisschen Zeit zum Anstoß bleibt ihm noch. Er setzt sich auf eine Parkbank und trinkt eine Flasche Bier. Da setzt sich ein Mann neben ihn. Auch er öffnet sich ein Bier und prostet ihm zu. Die beiden beginnen eine lockere Unterhaltung, schließlich trinkt niemand gerne allein sein Bier. Dennis und seine neue Bekanntschaft stellen viele Gemeinsamkeiten fest. Sie haben einen ähnlichen Job und sind beide im besten Alter, nämlich Anfang 30. Außerdem wohnen beide in der Dortmunder Nordstadt. Mirko, der neue Gesprächspartner von Dennis, ist ihm richtig sympathisch geworden. Natürlich lenkt sich das Gespräch automatisch auf das anstehende Fußballspiel. Plötzlich wird Mirko ganz ernst: „Du Dennis, ich bin nur zugezogen nach Dortmund. Ich bin Schalker." Dennis verschluckt sich am Bier. „Hahaha, kleiner Spaß! Keine Sorge, komm das nächste Bier gebe ich dir aus, und dann gehen wir zusammen zum Stadion." Dennis war noch nie so erleichtert. „Mit so etwas macht man keine Witze!"

- Wo ist die Einwohndichte in Deutschland am höchsten?

- Welchen Ruf haben die Menschen aus dem Ruhrgebiet?

- Von welchem Bundesligaverein ist Dennis Fan und welchen anderen Verein aus dem Ruhrgebiet hasst er?

- Warum schickt der Chef von Dennis seine Mitarbeiter am Samstag um 13.00 Uhr nach Hause?

- Warum ist Dennis der junge Mann, der sich zu ihm auf die Bank setzt, sofort sympathisch?

Marie aus Lübeck

Marie ist Anfang 50 und arbeitet an der Volkshochschule. Sie unterrichtet dort Deutsch als Fremdsprache für Flüchtlinge aus Syrien und anderen Ländern. Ihr Mann Thomas kommt ursprünglich aus Kiel und ist ihretwegen nach Lübeck gezogen. Sie lieben das Klima an der Ostsee. Sie haben es nicht weit zum Timmendorfer Strand. Das ist ein beliebtes Urlaubsziel, das von Urlaubern aus ganz Deutschland angepeilt wird. Ein breiter Sandstrand, das milde Ostseeklima und dazu das recht ruhige Meer sind für die Urlauber ein Erlebnis. In Kiel fand es ihr Mann ähnlich schön, denn auch Kiel liegt an der Ostsee, an der sogenannten Kieler Bucht, und so war die Umstellung nicht so groß. Außerdem liegen beide Städte in Schleswig-Holstein, dem nördlichsten Bundesland Deutschlands.

Die Schüler von Marie finden Lübeck sehr schön. Die meisten sind erst seit kurzem in Deutschland. Sie wollen hier arbeiten, und dafür benötigt man die deutsche Sprache. Einige haben in ihrem Heimatland sogar studiert, jedoch ist es sehr schwierig ohne Sprachkenntnisse auf dem deutschen Arbeitsmarkt zu bestehen. Die Arbeit macht Marie sehr viel Spaß. Sie kommt dort immer entspannt mit dem Fahrrad an. Auch der Unterricht bereitet ihr viel Freude und gibt ihr viel Selbstbestätigung, etwas Gutes zu tun. Sie freut sich, dass sie einen kleinen Beitrag zur Integration leisten kann.

Djamal ist ein etwa 30jähriger Flüchtling aus Syrien und war in seiner Heimat Arzt. Bisher darf er noch nicht in Deutschland arbeiten, denn er wartet zurzeit auf seine Arbeitserlaubnis. Zudem ist noch nicht geklärt, ob sein Abschluss überhaupt in Deutschland anerkannt wird. Es kann sein, dass er noch nicht einmal als Krankenpfleger arbeiten darf, obwohl er in Syrien sogar eine eigene Krankenstation geleitet hat. Doch bevor er das alles klären kann, braucht er erst einmal Deutschkenntnisse. Es ist unglaublich, wie viele Anträge man in Deutschland ausfüllen muss, die teilweise sogar für deutsche Muttersprachler nur schwer zu verstehen sind. Marie erklärt ihm, dass sich die Mühe lohnt. Wenn alle Anträge mühevoll ausgefüllt sind und sämtliche Formulare eingereicht sind, dann funktioniert dafür auch alles. Die Anträge und Formulare sind Sicherheiten für den Arbeitgeber, für den Staat und auch für den Arbeitnehmer. Zum Beispiel muss man vor dem Antritt einer Arbeitsstelle Papiere und Dokumente für die Versicherung, für die Steuer und für den Arbeitgeber einreichen, was ein unglaublicher Aufwand ist. Dafür kann man sich, wenn man alles richtig gemacht hat, darauf verlassen, dass das Gehalt pünktlich gezahlt wird und dass man krankenversichert ist.

Marie erklärt Djamal sehr viel. Er hat immer sehr viele Fragen nach dem Unterricht und ist ihr motiviertester Schüler. Es ist unglaublich, dass er sich nach 3 Monaten schon in einfachem Deutsch verständigen kann. Djamal möchte alles richtig machen und dann schnell seine Familie aus Syrien nachholen. Er fühlt sich sehr wohl in Lübeck und träumt von seiner eigenen Wohnung. In der Flüchtlingsunterkunft hat er viele Bekanntschaften geschlossen. Er ärgert sich über diejenigen Flüchtlinge, die kriminell werden, um schnell an Geld zu kommen. Die Familien in den Heimatländern erwarten, dass ihnen aus dem reichen Europa Geld geschickt wird. Leider können die Flüchtlinge ohne Arbeitserlaubnis kein Geld verdienen, was dazu führt, dass einige versuchen, auf illegale Art und Weise Geld zu verdienen. Klar kann man das auf irgendeine Weise verstehen, dennoch wirft das ein schlechtes Bild auf alle Flüchtlinge. Die meisten wollen hier ein ehrliches Leben führen. Djamal merkt auch, wie die Stimmung im Alltag nicht immer positiv ihm gegenüber ist. Aber er weiß, dass der Ausweg die Sprache ist. Sie ist der Schlüssel zu allem: Zu einem guten Job, zum Verstehen der Regularien in Deutschland, zu einer Wohnung und zum Knüpfen von Kontakten. Einige Flüchtlinge sprechen gut Englisch, aber das reicht nicht. Grundlage des Arbeitsalltags und des Zusammenlebens in Deutschland ist die deutsche Sprache. Nur mit Deutschkenntnissen kann man in diesem Land etwas erreichen.

Marie macht es mit Djamal richtig Spaß. Solche Schüler sind es, die ihr die Motivation bei der Arbeit geben. Häufig muss sie Djamal sogar bremsen, da sie noch andere Klassen betreut und nicht immer so viel Zeit hat.

Am Ende des Deutschkurses schenkt ihr die ganze Klasse einen großen Blumenstrauß, und sie bekommt Gebäck aus Syrien geschenkt zum Naschen mit ihrer Familie. Marie ist einfach nur glücklich. Djamal, der beste im Kurs, hält ihr eine kleine Abschiedsrede – natürlich auf Deutsch.

Es vergingen einige Jahre. Marie hat immer noch große Freude an ihrem Job. Klar manchmal ist es schwierig, und sie ist ein bisschen gelangweilt von immer den gleichen Fragen und Fehlern der Schüler, aber insgesamt ist sie glücklich und zufrieden. Heute ist ihr jedoch etwas Blödes passiert. Auf dem Weg zur Arbeit wurde sie von einem

Autofahrer beim Rechtabbiegen übersehen. Das Auto hat sie einfach umgefahren. Marie wurde sogar bewusstlos. Sie wachte erst im Krankenhaus wieder auf.

Sie liegt im Bett und hört in der Ferne zwei ihr bekannte Stimmen, die miteinander sprechen. „Zum Glück ist ihr nichts Ernstes zugestoßen. Der Armbruch verheilt wieder. Sie wird wieder vollständig gesund."- „Das sind gute Neuigkeiten Herr Doktor," hört sie ihren Mann sprechen. Marie ist beruhigt. Die andere Stimme kennt sie aber auch irgendwoher. Sie schlägt die Augen auf und erblickt ihren Mann Thomas, der ihr sofort einen Kuss auf die Wange gibt. Daneben steht ein weiteres vertrautes Gesicht im weißen Kittel. Es ist der Arzt. Djamal!

- Was unterrichtet Marie an der Volkshochschule?
- Warum ist Thomas von Kiel nach Lübeck gezogen?
- Warum kommen Urlauber aus ganz Deutschland an den Timmendorfer Strand?
- Warum gefällt Marie ihre Arbeit so gut?
- Warum kann es passieren, dass Djamal nicht in Deutschland als Arzt arbeiten darf?
- Wie hat sich der Unfall von Marie ereignet?

Frederic aus Münster

Münster ist eine Fahrradstadt. Das gefällt Frederic sehr. Hier braucht man kein Auto, und Radfahrer haben meistens Vorfahrt. Es gibt eigene Radwege, die fest in das Straßensystem integriert sind. Somit ist die Stadt voll mit Fahrrädern, was Frederic liebt. Frederic ist 25 Jahre alt und hatte eine Freundin in Osnabrück. Münster und Osnabrück sind zwei Großstädte, die sehr dicht beieinander liegen. Frederic ist mit seiner Ex-Freundin zur Schule gegangen. Nach der Schulzeit haben die beiden versucht, einen Studienplatz in der gleichen Stadt zu finden, was leider – aufgrund der unterschiedlichen Studiengänge – nicht geklappt hat. Jedoch war die Wahl der Universitäten Münster und Osnabrück ein guter Kompromiss.

Obwohl die beiden Städte so dicht beieinander liegen, sind sie in verschiedenen Bundesländern. Osnabrück liegt in Niedersachsen und Münster in Nordrhein-Westfalen. Dadurch ist die Zugfahrt relativ teuer, und Frederic hatte keine Lust, immer so viel Geld zu bezahlen, um seine Freundin zu besuchen. So kam es, dass Svenja irgendwann mit ihm Schluss gemacht hat. Nun ist Frederic allein in Münster, weit weg von seiner Heimatstadt Bayreuth. Viele Freunde hat er noch nicht gefunden, obwohl er jetzt schon 2 Jahre in der Stadt wohnt. Sein spärlicher Freundeskreis besteht aus anderen Studenten, mit denen sich Frederic zum Lernen verabredet. Frederic macht aber noch viel mehr Sorgen, dass er keine Freundin mehr hat. Er unternimmt alles, um eine neue Freundin zu finden. Leichter wäre es, wenn er hier so gute Freunde hätte wie damals in Bayreuth, mit denen er gemeinsam losziehen konnte, um neue Frauen kennenzulernen. Ohne Begleitung von Freunden in

Diskotheken oder Bars zu gehen, ist für Frederic sehr unangenehm. Dennoch muss er irgendwas unternehmen, um nicht allein zu bleiben. Doch bevor er sich allein in eine Diskothek wagt, möchte er zunächst versuchen, Frauen im Zentrum von Münster anzusprechen. Er hat geplant, seinen ganzen Mut zusammenzunehmen, eine Frau anzusprechen und zu schauen, was passiert. Das ist immer noch besser als gar nichts zu unternehmen. So hat er zumindest die geringe Chance, dass sich etwas ergeben könnte. Er muss nur lernen mit Absagen von Frauen umgehen zu können.

Also schlendert Frederic an der Lambertikirche vorbei. Die Geschichte der Kirche findet er sehr interessant. In den drei Körben am Kirchturm wurden im Mittelalter die Leichen von drei Anführern des Täuferreiches zur Schau gestellt. Es ging dabei um die Herrschaft über Münster. Die Körbe hängen immer noch an der Kirche. Frederic fasziniert die Geschichte. In seinem Lehramtsstudium hat er sogar Geschichte als Nebenfach gewählt. Aber nun sollte er sich auf das Wesentliche konzentrieren. Er sieht viele junge Paare in der Innenstadt. Zum Glück ist Münster eine Studentenstadt, so dass die Wahrscheinlichkeit hoch ist, dass man junge Frauen trifft, die auch allein zum Studieren hier sind. Eine sehr hübsche junge Frau fährt mit dem Fahrrad vorbei. „Ich kann die doch nicht einfach anhalten“, denkt Frederic, „ich konzentriere mich lieber auf Fußgängerinnen.“ Da sieht Frederic eine weitere attraktive junge Dame. Er steuert direkt auf sie zu. Im letzten Moment merkt er, dass er unglaublich nervös wird und geht an ihr vorbei. „Die hat garantiert einen Freund.“ Auch ein nächster Versuch scheitert. Frederic erfindet immer irgendwelche

Ausreden, die Frauen nicht anzusprechen, und er geht frustriert nach Hause. Er liegt noch lange wach und grübelt, wie er es schaffen kann, sich zu überwinden. Vielleicht ist es erstmal besser, mit Frauen zu flirten, mit denen man sowieso redet. Er könnte zum Beispiel Verkäuferinnen in Geschäften, die einen beraten, ansprechen. Morgen!

Am nächsten Morgen geht Frederic erstmal Joggen am Aasee. Das ist ein wunderschöner, künstlich angelegter See mitten in der Stadt. Er ist tief in seinen Gedanken versunken. „Es wird Zeit, dass das Studium weitergeht und die Semesterferien zu Ende sind, dann habe ich nicht mehr so viel Zeit zum Denken", sagt Frederic leise beim Laufen. Außerdem weiß Frederic, dass krampfhafte Versuche meistens sowieso nicht funktionieren. Vielleicht sollte er es gar nicht erst probieren, die Liebe zu erzwingen. Plötzlich fängt es in Strömen an zu regnen. Frederic stellt sich unter einem Baum und entdeckt einen Hund, dem das Wetter scheinbar gar nichts ausmacht. Da hat er einen genialen Einfall. Ein Hund! Das ist es! Er braucht einen kleinen Hund. Er erinnert sich an seinen Onkel, der ihm erzählte, dass er ständig angesprochen wird, seit er einen Hund hat. Vor allem Frauen möchten seinen Hund streicheln. Der Regen hat nachgelassen, und Frederic joggt zufrieden nach Hause. Er möchte seinen Plan sofort in die Tat umsetzen und den Vermieter fragen, ob es ein Problem ist, einen Hund in der Studentenwohnung zu haben. Der Vermieter wohnt im gleichen Haus. Frederic klingelt. Der Vermieter ist nicht da, aber die Tochter öffnet ihm. Sie ist etwas älter als Frederic und schaut ihn fragend an. „Entschuldige, ich wollte deinen Vater etwas fragen", sagt Frederic. „Du kannst mich auch fragen, denn ich helfe meinem Vater bei Mietgeschichten", antwortet sie. „Na ja, ich möchte mir einen Hund zulegen." – „Einen Hund in der kleinen Wohnung?" Die Tochter des Vermieters schaut ihn ungläubig an. „Warum möchtest du denn einen Hund haben? Das ist doch nicht gut für das Tier, auf so engem Raum zu leben!", erklärt sie. Mist, jetzt braucht Frederic einen Grund. Während er so nachdenkt, sagt die Nachbarstocher: „Vielleicht erklärst du mir das heute Abend mal bei einem Bier." – „Glück gehabt, dann habe ich noch etwas Zeit mir einen Grund zu überlegen", denkt Frederic.

Erst später wird ihm klar, dass die Verabredung mit der Tochter des Vermieters ja im Grunde ein Kennenlernen ist. Die Nachbarstochter möchte mit ihm etwas trinken gehen! Würde sie das wollen, wenn sie Frederic unsympathisch finden würde? Frederic ist überrascht, wenn man etwas nicht erwartet, dann passiert es, und wenn man etwas erzwingen möchte, dann passiert gar nichts. Vielleicht hat der Hund ja jetzt schon seine Aufgabe erfüllt. Frederic lacht.

- Wo wohnt Svenja, und wo wohnt Frederic (Stadt und Bundesland)?

- Warum hat Svenja die Beziehung mit Frederic beendet?

- Wozu dienten die drei Körbe an der Lambertikirche?

- Aus welchem Grund möchte sich Frederic einen Hund anschaffen?

- Was hält die Tochter von Frederics Vermieter von der Idee, dass Frederic einen Hund haben möchte?

Eine Reise nach Heidelberg

Sophie geht in die achte Klasse des John-Lennon-Gymnasiums in Berlin. Ihre Klasse macht in dieser Woche eine Klassenfahrt nach Heidelberg. Heidelberg liegt im Südwesten Deutschlands im Bundesland Baden-Württemberg. Sophie ist noch nie vorher im Süden von Deutschland gewesen. Nach der recht langen Busreise kommt die Klasse mit dem Lehrer in der Jugendherberge am Stadtrand von Heidelberg an. Das erste, was ihr auffällt, ist der komische Dialekt der Angestellten der Jugendherberge. Ihr Lehrer hat die Klasse schon vorgewarnt und auch gemahnt, dass niemand über die Mundart der Heidelberger lachen soll: „Die Süddeutschen finden unsere Dialekte im Norden genauso komisch. Gerade das Berlinerische klingt für die süddeutschen Ohren sehr einfach und grob.“

Sophie schaut zu Marius rüber. Sie hat seit einigen Wochen nur noch Augen für ihn, aber irgendwie scheint das Marius gar nicht zu merken. Er ist immer mit den anderen Jungs beschäftigt. Sophie teilt sich ein Zimmer mit ihren drei Freundinnen aus der Klasse. Es gibt noch zwei weitere Mädchenzimmer und dann noch die beiden Jungenzimmer. Jetzt wird erstmal ausgepackt und anschließend zu Abend gegessen. In der Jugendherberge ist es üblich, dass die Schüler sich im Haus ein bisschen nützlich machen, dadurch ist der Preis der Unterkunft nicht so hoch. Nebenbei lernen die Schüler, Verantwortung zu übernehmen. Sophie hat heute Küchendienst. Die Dienste werden alphabetisch eingeteilt. So kommt es, dass sie mit Marius und zwei anderen Jungs abwaschen und abtrocknen muss. Leider kommt kein Gespräch mit den Jungen zustande. Marius albert nur mit den beiden rum, und Sophie merkt, dass die

Jungs sie durch dumme Sprüche beeindrucken möchten. Sophie findet das doof.

Nach dem Frühstück macht sich die Klasse auf, um Heidelberg zu entdecken. Sie laufen durch die Altstadt und danach am Fluss (dem Neckar) entlang. Später steigen sie noch auf einen Hügel, von dem sie die ganze Stadt überblicken können. Das ist eine großartige Aussicht, aber irgendwie hat Sophie die ganze Zeit nur Augen für Marius. Der Stadtrundgang interessiert sie nicht wirklich. Auch als sie am Ende des Rundgangs sogar die älteste Brücke des Neckars überqueren, lässt sich Sophie davon nicht beeindrucken. Sie möchte eigentlich nur zurück in die Jugendherberge. Allerdings steht noch eine letzte Sehenswürdigkeit auf dem Programm, bevor der Rückweg geplant ist. Sie besuchen den Studentenkarzer. Dort wurden noch bis zum Jahr 1914 Studenten eingesperrt, die frech waren oder negativ in der Universität aufgefallen sind. Damals hatte die Uni das Recht kleinere Strafmaßnahmen selbst durchzuführen, was heute nahezu unvorstellbar ist. Die Wandmalereien in den Zellen der Studenten sind immer noch erhalten. Diese sind vermutlich aus Langeweile entstanden, in der Zeit, in der die Studenten eingesperrt waren. Sophie findet die Sprüche sehr interessant und findet, dass man sich gut in die Studenten hineinversetzen kann. Sprüche wie: „Ich war hier und natürlich unschuldig!!!“, sind sehr lustig zu lesen. Sophie ist gar nicht bekannt, dass es so ein Gefängnis mal gegeben hat.

Am Abend sind alle müde, aber eine Gruppe Jungen, die zu einer Schülergruppe aus München gehören, machen noch Stimmung im Nachbarzimmer. Die Schüler sind zwischen 16 und 17 Jahren alt, und sie haben sich eine Kiste Bier besorgt. Sophie und ihre Freundinnen wollen ihnen Hallo sagen, vielleicht sind sie ja ganz nett. Sie können jetzt sowieso nicht einfach einschlafen. Außerdem ist ihnen das auch zu langweilig. Kaum sind die Mädchen drüben, hat jede von ihnen schon eine Flasche Bier in der Hand. Das darf der Lehrer nie erfahren, da sie noch keine 16 sind. Es ist erst mit 16 Jahren erlaubt, in Deutschland Alkohol zu trinken. Hochprozentiger Alkohol ist erst mit 18 Jahren erlaubt. Sophie hat aber schon mal Bier getrunken und kennt den Geschmack. Es lockert sie ein wenig auf. Die Jungen aus München freuen sich sehr über die Gesellschaft. Am besten gefällt Sophie Bastian. Er ist so anders als Marius. Er schenkt ihr seine Aufmerksamkeit, und sie unterhalten sich sehr gut. Er macht keine dummen Sprüche und ist nicht nur mit den anderen Jungs beschäftigt. Auch ihre Freundinnen amüsieren sich prächtig. Sophie unterhält sich die ganze Zeit mit Bastian und ihre drei Freundinnen mit den beiden anderen Jungen.

Am nächsten Morgen verschwendet Sophie keinen Gedanken mehr an Marius und stellt fest, dass er einfach noch zu jung für sie ist. Jungen in seinem Alter sind schrecklich. Sie hat mit Bastian die Telefonnummern getauscht, und von nun an schreiben sie sich Nachrichten über das Handy. Sophie ignoriert Marius nun komplett. Dadurch macht der noch dümmere Aktionen als vorher. Er hat eben seinem Freund einfach so ein Bein gestellt und gelacht. Sophie hat gemerkt, dass Marius darauf geachtet hat, dass sie die Szene mitbekommt. Das ist wirklich sehr kindisch und zeigt eigentlich nur seine Unsicherheit.

Einige Jahre später möchte die dreißigjährige Sophie mit ihrem Mann Robert nach Heidelberg reisen, um sich die Sehenswürdigkeiten anzuschauen. „Ich war schon mal da!“, erinnert sich Sophie. „Und was gibt es da zu sehen?“, fragt Robert. Sophie lacht: „Keine Ahnung, ich war damals wohl zu viel mit mir selbst beschäftigt. Für mich ist die Stadt also auch neu.“

- Wovor hat der Lehrer seine Schüler in Heidelberg gewarnt?

- Was mag Sophie an Marius nicht?

- Ab welchem Alter darf man in Deutschland Alkohol trinken?

- Wozu diente der Studentenkarzer in Heidelberg?

- Was unterscheidet Bastian von Marius?

Mirko aus Dresden

Mirko ist Taxifahrer in Dresden. Meistens steht er mit seinem Taxi am Dresdener Hauptbahnhof und freut sich, wenn er mit Menschen aus anderen Städten oder sogar aus anderen Ländern in Kontakt kommt. In Dresden leben sehr wenige Menschen aus anderen Ländern. Dresden liegt im Osten von Deutschland nahe der Grenze zu Tschechien und gehörte vor 1990 zur Deutschen Demokratischen Republik (der ehemaligen DDR). Mirko hat die kommunistische Epoche als Kind miterlebt. Dann kam die Wende. Deutschland wurde vereinigt, und Dresden war plötzlich Teil der Bundesrepublik Deutschland. Kurz danach studierte Mirko Rechtswissenschaften, merkte aber schnell, dass das Studium nichts für ihn war. Seit 10 Jahren arbeitet er nun schon als Taxifahrer, und die Arbeit gefällt ihm gut.

So wie jeden Tag steht er auch heute am Hauptbahnhof und wartet auf Fahrgäste. Sein Taxi hat er gerade vor 2 Tagen sauber gemacht. Er hat es gestern in der Waschanlage waschen lassen und innen mit einem Staubsauger ausgesaugt. Schließlich möchte er, dass sich seine Fahrgäste wohlfühlen. Sein Taxi glänzt nun erwartungsvoll in der Mittagssonne. Plötzlich kommt eine Frau an sein Fenster und deutet mit ihrer Hand auf den freien Platz neben ihm. Diese Geste ist verständlich, Mirko nickt und schon setzt sich die Dame auf den Beifahrersitz. Gepäck hat sie nicht dabei. Sie hält ihm einen Zettel mit der Adresse hin. Deutsch spricht sie nicht. Mirko spricht leider nur sehr schlecht Englisch, da es zu DDR-Zeiten nicht in der Schule gelehrt wurde. Nur Russisch war damals ein Pflichtfach für alle Schüler, doch das nützt ihm gerade nicht viel. Aber durch seinen Job hat sich Mirko einige Brocken Englisch angeeignet. Leider spricht die Frau scheinbar auch kein Englisch und lächelt Mirko nur schulterzuckend an auf seine Frage: „Where are you from?"

Schade, denn Mirko gefällt die Frau, die so um die 40 Jahre alt sein müsste, also in seinem Alter. Vor allem hat ihm ihr Lächeln gefallen. Mirko fährt los. Die Adresse ist ihm bekannt. Manchmal ist es etwas komisch, wenn man sich während der Fahrt nicht unterhält und stumm nebeneinandersitzt. Mirko macht das Radio an, um die unangenehme Stille zu füllen. Er entdeckt einen Stadtplan von Dresden, den die Frau in der Hand hält. Wenn ihn nicht alles täuscht, müsste auf dem Deckblatt der Karte Spanisch stehen. „Wow, sie ist aus Spanien oder Lateinamerika", denkt Mirko. „Das ist doch mal etwas Außergewöhnliches." Mirko liebt die spanische Sprache und die Lebenskultur der lateinamerikanischen Länder. Eine spanische Muttersprachlerin hatte er noch nie im Taxi sitzen. Jetzt muss er kreativ werden, um mit ihr in Kontakt zu kommen. Mirko tippt an der nächsten Ampel etwas in sein Smartphone und lässt den Text mit der Übersetzungs-App auf Spanisch vorlesen. „Möchtest du, dass ich dir Dresden zeige?", fragt die Frauenstimme des Smartphones. Mirko weiß nicht, ob der Text richtig übersetzt wurde, aber anhand des Lächelns und Nickens der Frau merkt er, dass die Übersetzung wohl verständlich war. Am Ende der Fahrt tauschen sie ihre E-Mail-Adressen aus, und Mirko schreibt gleich am nächsten Morgen eine E-Mail mithilfe seines Übersetzungsprogramms.

Zwei Tage später treffen sie sich in der Altstadt von Dresden direkt an der Semperoper. Carmen kommt aus

Chile, das weiß Mirko jetzt. Ihr Vater war vor vielen Jahren bei einem Schüleraustausch in Dresden dabei. Die DDR und Chile mit ihren ehemaligen kommunistischen Regimen organisierten solche Austausche regelmäßig. Dresden hat eine sehr wechselhafte Geschichte hinter sich. Im zweiten Weltkrieg wurde die Stadt komplett zerstört und nach dem Krieg wiederaufgebaut. Nach dem Krieg war Dresden eine bekannte Großstadt der ehemaligen DDR. Berühmt ist die Stadt zum Beispiel für den Dresdener Stollen (ein Gebäck, das zur Weihnachtszeit angeboten wird). Die Sehenswürdigkeiten der Stadt wie die Frauenkirche, der Dresdner Zwinger, das Blaue Wunder sind weltbekannt.

Die Unterhaltung zwischen Mirko und Carmen läuft sehr schleppend über ihre Smartphones, während sie am Fürstenzug (Porzellanwandbild aus Meißener Fliesen) entlang spazieren. Trotzdem genießt Mirko die Gesellschaft einer Frau und den Hauch von Exotik, der mit dieser Frau in seine Heimatstadt einzieht. Ein gemeinsames Abendessen wird aufgrund der Sprachbarriere sicherlich schwierig, aber Mirko hat ihre E-Mailadresse, und er nimmt sich fest vor, Carmen zu schreiben und Spanisch zu lernen. Nächstes Jahr möchte er nach Valparaíso in Chile reisen und sich von Carmen ihre Heimatstadt zeigen lassen. Carmen ist damit einverstanden. „Was für eine Vorfreude und wundervolle Perspektive", denkt Mirko und schläft abends zufrieden ein.

- Wo steht Mirko immer mit seinem Taxi in Dresden?
- Warum spricht Mirko nur sehr schlecht Englisch?
- An welchem Ort treffen sich Mirko und Carmen nach der Taxifahrt?
- Was ist der Dresdener Stollen?
- Warum war der Vater von Carmen damals in Dresden?

Emil aus Berlin

Emil wohnt in Kreuzberg im sogenannten Bergmannkiez von Berlin. Es hat sich viel verändert in seinem Stadtteil. Früher war der Stadtteil eher heruntergekommen, und die Mieten waren sehr günstig. Doch mittlerweile ist es schick geworden im Kiez und nah am Stadtzentrum zu wohnen, so dass viele neureiche junge Paare und Familien nach Kreuzberg gezogen sind. Viele Menschen aus Süddeutschland wohnen neuerdings im Stadtteil. Es gibt hier nun viele schicke Läden und Cafés. Es soll jedoch auch ein alternativer Charme erhalten bleiben. Leider ziehen durch die steigenden Mieten die echten Berliner weg, da sie es sich nicht mehr leisten können, hier zu wohnen. Emil hat Glück mit seiner Wohnung. Sie ist noch nicht verkauft worden, und der Vermieter ist nach wie vor derselbe. Dennoch spielt auch Emil mit dem Gedanken, woanders hinzuziehen, da ihm die Atmosphäre in seinem Stadtteil nicht mehr gefällt. Hinzu kommt, dass viele Wohnungen an Touristen tageweise vermietet werden und Emil dadurch ständig wechselnde Nachbarn hat.

Die Wohnungen in seinem Nachbarhaus sind schon fast alle an Touristen vermietet. „Wie kommen wir von hier am besten zum Brandenburger Tor?“ oder „Kann man zu Fuß zum Checkpoint Charlie laufen?“, wird er häufig gefragt. Emil antwortet immer höflich, ist aber innerlich genervt von diesen Fragen. Es scheint ihm, als wären die Sehenswürdigkeiten nur dafür da, um die Touristen zu unterhalten. Er ist in der Stadt geboren, und er hat die Teilung Berlins noch miterlebt. Er weiß, wie es war, wenn man aus West-Berlin nicht weiter in den Osten kam. Das Brandenburger Tor war kein Fotomotiv, sondern ein Grenzübergang.

Emil ist Anfang 40, aber noch sehr junggeblieben und feiert gerne Partys in seiner Wohnung. An diesem Abend hat er auch wieder seine Freunde eingeladen. Manchmal bringen die Freunde neue Leute mit, und es wird getrunken und gelacht. Es herrscht immer eine sehr ausgelassene Stimmung. Seine Freunde sind alle Berliner, und es wird viel über die Veränderungen im Kiez gesprochen. Sein Freund Jan hat jemanden mitgebracht, der irgendwie nicht so richtig in die Gruppe passt. Der junge Mann ist Ende Zwanzig und hat einen schwäbischen Dialekt. Der süddeutsche markante Dialekt fällt Emil sofort auf. „Genau wegen solcher Leute haben wir hier diese Veränderung in Kreuzberg. Es ist hipp hier zu wohnen“, denkt sich Emil und geht erstmal auf Abstand zu dem Neuankömmling. Nach weiterer Feierei wird die Stimmung lockerer und die Musik lauter. Irgendwann setzt sich dieser junge Mann zu Emil auf das Sofa. „Ich bin übrigens Björn. Ich bin auch aus Berlin“ – „Nein, du bist doch nicht aus Berlin! Das höre ich doch an deinem Dialekt“, entgegnet Emil etwas patzig. „Ja, ich bin vor kurzem aus Stuttgart hierhergezogen.“, antwortet Björn. „Ich habe mit meiner Frau ein Café in Kreuzberg aufgemacht. Das ist hier um die Ecke, dort habe ich auch Jan kennengelernt. Er hat Flyer für mich gemacht. Wir haben uns angefreundet. Unser Café läuft ganz gut.“ Irgendwie wird der zugezogene Björn Emil sogar sympathisch. „Vielleicht ist das einfach der Wandel der Zeit“, denkt Emil. Sie unterhalten sich angeregt über Berlin, über die Frauen und über die sonstigen Alltagsprobleme im Leben. Björn wirkt auf Emil recht bodenständig, und er schafft es mit seiner Art, dass sich Emil ihm öffnet: „Ich habe eine Anstellung im Baumarkt mit einem mäßigen Gehalt, und die Mieten im Stadtteil werden immer teurer. Ich muss schauen, wie lange ich das noch durchhalte. Es ist doch schade, wenn die Alt-Berliner alle aus dem Stadtteil vertrieben werden, oder?“ – „Ja das stimmt, das tut mir leid. Unser Café lief auch nicht immer so rund.“, antwortet Björn. „Ich freue mich übrigens, dass ich hier Anschluss gefunden habe, auch bei den Alt-Berlinern.“ – „Fühl dich wie zu Hause!“ Die Stimmung ist sehr harmonisch, und Emil beschließt in dem Café von Björn vorbeizuschauen. Björn feiert ordentlich mit und ist an diesem Abend voll integriert in die kleine Berliner Gemeinschaft. „Ein netter Typ, ich bin wirklich zu engstirnig“, denkt Emil. Die Party geht zu Ende und Emil geht zufrieden ins Bett. Am Sonntag ruht er sich aus, schließlich muss er am Montag wieder arbeiten.

Nach einem Monat ist die Party längst vergessen, und Emil plant schon wieder eine nächste kleine Feier. Er hat die Post aus dem Briefkasten geholt und setzt sich auf sein Sofa. Er öffnet einen sehr förmlich aussehenden Brief. Solche Briefe heißen meist nichts Gutes. Behörden, Ämter oder Rechnungen sind meistens der Inhalt dieser harmlos aussehenden Umschläge. Er öffnet den Brief und liest ihn. „Das kann doch nicht sein.“, murmelt Emil. Immerhin ist eine Adresse angegeben. Emil macht sich sofort auf den Weg. Er findet die angegebene Adresse zwei Straßen weiter. Das Café dort am Straßeneck trägt keine Hausnummer, aber es scheint die Zieladresse zu sein. Die Bedienung im Café, eine junge Frau unter 30 fragt ihn: „Was darf es denn sein?“ – „Ihr habt das Haus gekauft, in dem ich wohne und wollt die Wohnungen sanieren, um dann die Miete erhöhen?“ – Emil wedelt wütend mit dem Brief. „Moment, ich hol mal meinen

Mann.“, antwortet die Frau hinter dem Tresen. Emil erkennt den jungen Mann sofort. Er sieht etwas anders aus mit Hemd, gestyltem Haar und Brille, als auf seiner Party. „Björn, du steckst also dahinter!“, sagt Emil immer noch wütend. „Tut mir leid, kennen wir uns? Wenn Sie nicht einverstanden sind, können Sie gerne schriftlich dagegen vorgehen, aber nicht hier in dem Ton vor den Kunden. In dem Brief steht alles drin, was Sie wissen müssen“, antwortet Björn.

- In welchem Stadtteil wohnt Emil in Berlin?
- Wie hat sich das Stadtviertel von Emil verändert?
- Wo hat Björn gewohnt, bevor er nach Berlin gezogen ist?
- Wo arbeitet Emil?
- Wer ist der Absender von meist harmlos aussehenden Briefen?
- Warum tut Björn am Ende der Geschichte so, als ob er Emil nicht kennen würde?

Birgit aus Rostock

Birgit ist vor kurzem mit ihrem Mann und ihrem kleinen Sohn nach Rostock gezogen. Ihr Mann hat eine Arbeitsstelle im Rostocker Zoo angenommen. Der Rostocker Zoo ist spezialisiert auf Tiere aus der Arktis. Bernd soll mit seinem Fachwissen als Meeresbiologe den Zoo unterstützen.

Bernd und Birgit sind aus Darmstadt nach Rostock gezogen und tun sich mit der Eingewöhnung etwas schwer. Die Menschen sind schon etwas anders als in Darmstadt. Allein schon der Dialekt hier im Nordosten von Deutschland ist völlig unterschiedlich zum hessischen Dialekt in Darmstadt. Trotzdem wollen sie die Herausforderung annehmen. Auch ihrem Sohn, dem kleinen Joachim, fällt die Eingewöhnung in der Grundschule schwer. Joachim ist gerade mal 8 Jahre alt und wird von seinen Mitschülern gehänselt, weil er so komisch spricht. Den hessischen Dialekt kennen die Kinder in Rostock nicht. Joachim hat in seiner Schule in Darmstadt sehr viele Freunde, und hier ist er jeden Tag traurig, wenn er nach Hause kommt. Die junge Familie hat sich in Rostock ein Reihenhaus gekauft und somit die Entscheidung getroffen, länger dort zu bleiben. Auch Birgit ist bisher nicht begeistert. Sie hat noch keinen Job in Rostock gefunden und ist meistens allein zuhause, während Bernd im Zoo ist und Joachim in der Schule. Bernd ist der Einzige, der zufrieden ist und meint, dass sie einfach mehr Zeit benötigen, sich einzuleben. Sie sind ja erst drei Monate hier.

Sie haben aber schon einiges Schönes gesehen von Rostock. Die Innenstadt findet Birgit sehr schön. Die schmalen Häuser und die Nähe der Stadt zum Wasser erinnern sie an Amsterdam. Sie liebt die Ostsee. Warnemünde ist sehr einfach zu erreichen, und der Strand sowie der Hafen dort sind wirklich wunderschön. So etwas gibt es nicht in Darmstadt. Zudem herrscht ein mildes Klima, das ihr guttut. Gestern am Samstag war die Familie wieder mal in Warnemünde. Sie haben dort Fisch im Hafen gegessen. Es war sehr lecker. Danach sind sie zum schönen feinsandigen Strand gelaufen. „Ich liebe dich", sagte Birgit zu Bernd. Das war das erste Mal nach den 3 Monaten, die sie jetzt hier sind, dass er das von ihr hörte. Durch den Neuanfang, und die damit verbundene schwierige Zeit, litt auch ihre Beziehung. Am meisten fehlen ihnen die Freunde und der Rest der Familie, aber auch Bekannte und Nachbarn. Joachim spielt im Sand und wirkt auf einmal auch ganz zufrieden.

Am Abend fahren sie nach Hause und freuen sich über den schönen Tag. Leider war der darauffolgende Sonntag schon wieder überschattet von Streit und Unzufriedenheit. Joachim war genervt und traurig, dass er wieder zur Schule muss und Birgit, dass sie wieder ab morgen die ganze Woche allein zuhause ist. In Darmstadt hatte sie einen Job als Tierarzthelferin, den sie nun für Bernd und Rostock aufgegeben hatte. Der Job hatte sie voll erfüllt, und auch die Kollegen und die Chefin waren wie eine zweite Familie für sie. Dennoch wollte sie immer bei Bernd bleiben. Die Chance im Zoo von Rostock zu arbeiten, war für ihn einmalig. Birgit wollte ihm diesen Traum erfüllen. Die Abende vor dem Umzug haben sie im Internet Artikel über Rostock gelesen und sich Bilder angeschaut. Sie haben sich eine rosige Zukunft mit einem entspannten Leben am Meer ausgemalt. Sie verband immer schon die Liebe zum Meer, aber vor allem die gemeinsame Liebe zu Tieren machte sie zum Paar. Mittlerweile sind sie seit 15 Jahren zusammen.

Es ist Montag. Joachim hat heftigen Durchfall. Birgit hat sofort den Fischimbiss vom Hafen in Warnemünde im Verdacht und ist sehr wütend. Sie möchte in jedem Fall zu einem Kinderarzt fahren, schließlich kann eine Lebensmittelvergiftung für ein Kind sehr ernste Folgen haben. Sie findet einen Arzt in Warnemünde. Das ist eine gute Gelegenheit, nochmal bei dem Fischimbiss vorbeizufahren und denen die Meinung zu geigen. Gesagt, getan. Zunächst fährt sie zum Imbiss und stellt die Fischverkäuferin zur Rede. „Das kann nicht sein. Unser Fisch ist immer frisch", sagt die Fischverkäuferin. Birgit brüllt sie an, dass sie nie wieder zum Imbiss kommen und sie das Gesundheitsamt vorbeischicken würde.

Beim Arzt stellt sich heraus, dass Joachim die Abführtabletten, die zuhause im Küchenschrank liegen, genommen hat, damit er nicht in die Schule muss. Der Arzt hat schnell die kleine Notlüge bemerkt, denn Joachim konnte den Arzt einfach nicht anlügen. Birgit ist so erleichtert, dass sie gar nicht richtig mit Joachim schimpfen kann. Plötzlich fällt ihr der Imbiss ein. Sie würde am liebsten vor Scham im Boden versinken. Sie muss das aber richtigstellen, allein schon, um ihrem Sohn ein Vorbild zu sein. Mit hochrotem Kopf betritt sie den Imbiss. Die Fischverkäuferin zuckt zusammen, als sie Birgit erblickt.

„Ich glaube ich muss mich bei Ihnen entschuldigen. Am Durchfall ist der Junge selbst schuld. Es tut mir leid, und ich hoffe, wir dürfen trotzdem noch einmal zu Ihnen zum Essen kommen?" – „Möchten Sie einen Kaffee? Es ist gerade nicht so viel los", entgegnet die Verkäuferin. „Ich lade Sie ein. Ihr Junge kann auch hier zur Toilette." Aus einem zunächst oberflächlichen Gespräch wird ein sehr intensives. Birgit hat mit der Fischverkäuferin eine erste Freundin in ihrer neuen Heimat gefunden.

- Wie heißt der Mann von Birgit, und welchen Beruf übt er aus?

- An welche große Stadt fühlt sich Birgit erinnert, wenn sie durch die Rostocker Innenstadt schlendert?

- Welchen Beruf hat Birgit in Darmstadt ausgeübt, und welchen Beruf übt sie in Rostock aus?

- Wie lange sind Birgit und Bernd ein Paar, und wie alt ist ihr gemeinsamer Sohn?

- Wo war die Familie am Wochenende Fisch essen?

Karl-Heinz aus Freiburg

Freiburg wird als Hauptstadt des Schwarzwaldes bezeichnet, der direkt vor den Türen der Stadt liegt. Breisgau heißt die wunderschöne Landschaft, in der Freiburg liegt. Freiburg befindet sich im Dreiländereck von Deutschland, Frankreich und der Schweiz. Karl-Heinz ist in Freiburg aufgewachsen. Er lebte hier mit seiner Frau Florence und ihren beiden Kindern. Die Kinder sind in Freiburg geblieben und haben inzwischen ihre eigene Familie. Seine Frau kommt ursprünglich jedoch nicht aus Freiburg. Die Geschichte wie Karl-Heinz sie kennengelernt hat, ist unvergessen schön.

In den 80er Jahren, so um das Jahr 1983 ist Karl-Heinz als junger Student nach Frankreich aufgebrochen, um ein wenig mehr von Europa zu sehen. Das typische Fortbewegungsmittel für arme Studenten war damals per Anhalter zu fahren. Also hielt Karl-Heinz an Tankstellen und Autobahnauffahrten den Daumen raus und hoffte darauf, dass ein Auto ihn mitnahm. Auf diese Weise fuhr er nach Paris und weiter bis zur Atlantikküste. Als Gepäck hatte er einen großen Rucksack dabei, an dem sein eingewickeltes Zelt hing. Meist suchte er sich Camping-Plätze, jedoch kam es auch vor, dass er im Wald oder am Strand sein Zelt aufschlug. Er war begeistert von Frankreich, merkte aber, dass es ohne Französischkenntnisse sehr schwierig ist, sich mit den Menschen zu verständigen. Viele Franzosen wollten oder konnten kein Englisch sprechen. Trotzdem gefiel ihm seine Reise sehr.

Florence lebte zu der Zeit in Rouen, einer kleinen Stadt, die Karl-Heinz bei seiner Rückreise durchkreuzte. Er kam gerade vom Atlantik zurück, und ein Auto, mit dem er getrampt war, ließ ihn in Rouen raus. Der Fahrer wohnte in der Stadt und fuhr natürlich nicht mehr weiter. Da es schon zu spät war, um sich eine weitere Mitfahrgelegenheit zu suchen, schlug Karl-Heinz sein Zelt am Stadtrand hinter einem Hügel auf.

Am nächsten Morgen wurde er, noch in der Dunkelheit, durch ein grelles Licht geweckt. Er hörte eine Frauenstimme auf Französisch reden. Karl-Heinz merkte, dass irgendetwas nicht stimmte und er scheinbar hier nicht campen durfte. Er fühlte sich wie ein unerwünschter Gast. Er versuchte, auf Englisch zu erklären, dass er nur einen Schlafplatz für die Nacht gesucht hatte. Die junge Frau schien ihn zu verstehen und knipste das Licht wieder aus. Jetzt konnte Karl-Heinz aber nicht mehr schlafen, dafür war er zu aufgeregt. Er wartete, bis es hell wurde, dann kroch er aus seinem Zelt und wollte es gleich abbauen und weiterziehen. Da hörte er wieder diese Frauenstimme. Er erblickte die junge Frau, die etwa in seinem Alter war. Sie hatte schwarze elegante Haare, die zu einem Zopf nach hinten zusammengebunden waren, und grüne Augen. Sie lächelte ihn an und zeigte auf das Grundstück. Dann sah Karl-Heinz, dass er mitten auf einem Privatgrundstück sein Zelt aufgeschlagen hatte. Der Hügel trennte das Grundstück zur Straßenseite. Das hatte er im Dunkeln nicht gesehen. Das war ihm nun ein bisschen peinlich. Die junge Frau winkte ihn ins Haus. Dort saßen ihre Eltern und ihre kleine Schwester am Frühstückstisch. Sie machten abwechselnd Handgesten, dass er sich zu ihnen setzen soll. Er bekam das beste Frühstück auf seiner Reise. Er schämte sich wenig, dass er in den Garten der Familie einfach so eingebrochen war und nun auch noch zum Frühstück eingeladen wurde. Die

Verständigung war sehr schwierig, da aus der Familie nur Florence etwas Englisch sprach. Karl-Heinz lud Florence zum Abschied nach Freiburg ein. Er wollte sich revanchieren. Er gab ihr seine Adresse, und tatsächlich ein Jahr später stand Florence mit einer Freundin vor seiner Tür. Er zeigte ihnen Freiburg, und kurz darauf verliebten sie sich endgültig. Das Bier abends in einer Freiburger Bar erledigte den Rest.

Ende der Achtziger wurden die Kinder der beiden geboren, nachdem Florence zu ihm nach Freiburg gezogen war. Die Stadt lag einfach perfekt, so dicht an der französischen Grenze. Die Kinder wuchsen zweisprachig auf und tragen bis heute beide Kulturen in sich. Florence spricht sehr gut Deutsch. Durch ihren leichten französischen Akzent gemischt mit dem badischen Dialekt aus Freiburg ist sie für Karl-Heinz noch attraktiver als sie sowieso schon ist.

- Welche beiden Länder liegen unmittelbar in der Nähe von Freiburg?

- Was war in den 80er Jahren ein typisches Fortbewegungsmittel für arme Studenten?

- Durch welches Missgeschick haben sich Karl-Heinz und Florence kennengelernt?

- Warum hatte Karl-Heinz gegenüber Florences Familie ein schlechtes Gewissen?

- Welche Sprachen haben Karl-Heinz und Florence mit ihren Kindern gesprochen?

Tim aus Hannover

Tim ist in Hannover geboren. Dort wohnt er mittlerweile seit dreißig Jahren. Zuerst wohnte er mit seinen Eltern zusammen in der Südstadt und später in einer Wohngemeinschaft in Hannover Linden. Dort wohnt er immer noch. Seit 5 Jahren hat er den gleichen Mitbewohner. Beide studieren an der Leibniz Universität Hannover. Tim studiert Geschichte, und sein Mitbewohner Frank studiert Geografie. Frank ist aus Minden nach Hannover gezogen und weiß inzwischen Hannover zu schätzen. Hannover ist bekannt durch die Industriemesse und die Cebit, eine große Computermesse. Zusätzlich finden noch weitere kleinere Messen jährlich statt. Deswegen bezeichnet man Hannover auch als Messestadt. Ansonsten wird Hannover eher als hässlich und grau beschrieben, wenn man Leute aus anderen Städten fragt. Die Innenstadt ist tatsächlich nicht besonders schön. Das Zentrum wurde im 2. Weltkrieg nahezu komplett zerstört und danach etwas lieblos wiederaufgebaut. So prägen vor allem einfache Betonbauten das Stadtbild der Innenstadt.

Den Hannoveraner stört der schlechte Ruf aber wenig, denn dadurch kommen wenige Touristen in die Stadt, und deshalb bleiben die Preise relativ niedrig. Auf den zweiten Blick ist Hannover nämlich sehr schön und hat alles, was man braucht. Gerade der Stadtteil Linden, in dem Tim wohnt, überzeugt durch kulturelle Vielfalt, Altbauten und alternativen Touch. Man findet in Hannover den größten Stadtwald Europas, die Eilenriede. Dazu sehr viele Badeseen mit großen Rasenflächen, die im Sommer zum Grillen einladen.

Tim trifft sich an diesem Vormittag mit Frank am Kröpcke, einem zentralen Platz in der Innenstadt. Dass die beiden auch außerhalb ihrer gemeinsamen Wohnung Zeit miteinander verbringen, zeigt, dass sie gute Freunde geworden sind. Frank hat gerade seine Eltern in Minden besucht und kommt vom Hauptbahnhof zum Treffpunkt, der nur 5 Minuten vom Kröpcke entfernt ist. Die Kröpcke-Uhr ist ein bekannter Treffpunkt, an dem man viele wartende Passanten beobachten kann. Die meisten warten hier auf jemanden, da sie die Uhr wie Frank und Tim als Treffpunkt nutzen.

Die beiden Freunde wollen in der Altstadt etwas essen gehen. Dort stehen Häuser aus der Zeit vor dem 2. Weltkrieg. Damit ist die Altstadt eine der wenigen Sehenswürdigkeiten Hannovers. Man findet dort viele Bars und Restaurants, wo Touristen und Einwohner der Stadt speisen können. Frank kommt wieder einmal etwas zu spät, was aber dieses Mal an einer Zugverspätung und nicht an ihm liegt. Tim erzählt ihm von seinem Vorstellungsgespräch beim Stadtmuseum vor zwei Tagen. „Es ist ganz gut gelaufen“, sagt Tim. Tim hat gerade sein Studium abgeschlossen. Es steht ihm also ein neuer Lebensabschnitt bevor. „Wenn du den Job bekommst, ziehst du bestimmt aus unserer Wohnung aus. Dann kannst du dir etwas Eigenes leisten“, bemerkt Frank. „Das wäre wirklich sehr schade!“ – „Nein, erstmal bleibe ich in unserer Wohnung“, beruhigt ihn Tim. „Aber ich werde früh aufstehen müssen, so dass du abends etwas ruhiger sein musst.“ Frank und Tim bleiben als Studenten immer sehr lange wach und sind sicher auch nicht die leisesten in ihrem Mietshaus. Frank lacht und meint, dass sich das einrichten lässt. „Hauptsache ich kann in

Hannover bleiben. Das wäre ein Traum", entgegnet Tim. „Abends auf der Limmer Straße am Kiosk ein Bier trinken - das ist das Größte für mich, und das soll so bleiben." Die beiden wohnen direkt an der Limmer Straße, die bei den Hannoveranern sehr bekannt ist. Dort trifft man viele Leute, und es herrscht eine sehr ungezwungene Atmosphäre. Dazu gibt es viele alternative Konzerte, deren Veranstaltungsorte fußläufig von der Limmer Straße zu erreichen sind. „Hast du dich denn noch in anderen Städten beworben?", fragt Frank. „Ja, in Marburg und in Stade. Die Stellen dort passen sehr gut zu mir, aber eigentlich möchte ich nicht dort hin." Da klingelt plötzlich das Handy von Tim. Frank beobachtet Tims Gesichtszüge. Zuerst wirkt Tim sehr nervös beim Sprechen, aber dann entspannen sich seine Gesichtszüge. Tim hat ein breites Lächeln auf dem Gesicht. Seine letzten Worte am Telefon sind: „Ja, prima. Vielen Dank! Ich freue mich und auf Wiedersehen!" Tim legt das Handy zur Seite und fragt: „Hast du schon Lust auf ein Bier auf der Limmer Straße? Ich lade dich ein. Wir können heute feiern! Ich habe den Job in Hannover bekommen!" Frank lacht: „Herzlichen Glückwunsch und auf eine schöne weitere Zeit mit dir in unserer Wohnung!"

- Wie lange wohnt Tim schon in Hannover?

- Was ist ein beliebter Treffpunkt in Hannover?

- Warum hat Hannover einen so schlechten Ruf?

- Was hat Tim studiert, und wo hatte er sein Vorstellungsgespräch?

- In welchem Stadtteil von Hannover liegt die Limmer Straße?

Otto aus Mainz

Otto ist Rentner und lebt nach seinem Ruhestand weiter in Mainz. Er ist in Mainz geboren und arbeitete in Wiesbaden als Handwerker. Er musste jeden Tag von Mainz nach Wiesbaden zur Arbeit pendeln. Wiesbaden liegt auf der anderen Flussseite des Rheins. Die Städte gehen fast ineinander über, lediglich der Fluss trennt sie. Es ist schon außergewöhnlich, dass zwei Hauptstädte nebeneinander liegen. Mainz ist die Hauptstadt vom Bundesland Rheinland-Pfalz, und Wiesbaden ist die Hauptstadt vom Bundesland Hessen. Mit dem Zug dauert es keine 15 Minuten vom Hauptbahnhof Mainz zum Hauptbahnhof Wiesbaden. Otto fuhr diese Strecke jahrelang. Seine Firma war gut vom Hauptbahnhof Wiesbaden zu erreichen. Er lebte ein bescheidenes Leben mit seiner Frau. Kinder hatten sie nicht. Seine Frau ist nun vor zwei Jahren verstorben, und Otto ist allein in seiner Wohnung im Mainzer Stadtteil Neustadt. Dieser liegt sehr zentral, so dass Otto immer mit dem Fahrrad zum Bahnhof und von dort weiter nach Wiesbaden fahren konnte. Seine vorherige Ausbildung zum Mechaniker hatte er in Mainz gemacht. Danach war er 38 Jahre in der Firma in Wiesbaden beschäftigt, so dass er 38 Jahre Tag für Tag nach Wiesbaden gefahren ist. Am Wochenende hat er mit seiner Frau Fernsehen geschaut und ab und zu sind sie an der Rheinpromenade spazieren gegangen. In seiner Anfangszeit als gelernter Mechaniker sind sie auch noch ab und zu zum Tanzen in verschiedene Bars in Mainz gegangen. Er hätte nie gedacht, dass 38 Jahre so schnell vorbei gehen.

Otto hat leider nur eine kleine Rente, allerdings hat er auch keine großen Ansprüche. Viel schlimmer ist das Alleinsein, seit seine Frau nicht mehr da ist. Otto hat nur noch einen jüngeren Bruder, mit dem er sich aber vor 15 Jahren zerstritten hat. Seine Freunde waren seine Kollegen, mit denen er ab und zu mal nach Feierabend ein Bier getrunken hat. Da besteht jedoch kein Kontakt mehr. Es gab auch nur zwei Kollegen, die er wirklich seine Freunde nannte; mit den neuen jüngeren Arbeitskollegen hatte Otto keine Berührungspunkte. Seine Frau Elise hatte mehr Kontakte. Sie hatte einige Freundinnen, die das Ehepaar gelegentlich gemeinsam besuchten. Allerdings kam Otto nur dann mit, wenn die Freundin verheiratet war, da er dann auch Gesellschaft hatte.

Der Anfang vom Ende von Ottos Sozialleben war sein letzter Arbeitstag in der Firma. Nach 38 Jahren hat er sich beim Chef abgemeldet, der ihm die Hand gab und „Alles Gute" wünschte: Kein Kuchen, keine Feier und nicht mal ein Dankeschön und das nach 38 Jahren. Auch die alten Kollegen waren schon längst in Rente. Den jüngeren war Otto immer egal gewesen. Das beruhte allerdings auf Gegenseitigkeit. „Na ja", dachte sich Otto, „das ist ja nur die Arbeit. Jetzt bin ich frei und kann machen, was ich will." Als Elise dann kurz darauf verstarb, merkte Otto, dass es nicht so einfach ist – ohne Geld, Frau und Freunde. Er hatte die Rente so lange herbeigesehnt, und nun ist alles viel schlechter als vorher. In seinem Alter ist man nicht mehr in der Lage, viel im Alltag zu verändern. Erschwerend kommt hinzu, dass Otto eher ein introvertierter Mensch ist und nicht sonderlich kontaktfreudig.

An diesem Tag hält es Otto nicht mehr aus. Er braucht einfach jemanden zum Reden. Eigentlich hat sich Otto vorgenommen, in seinem Ruhestand keinen Alkohol zu trinken, aber es ist die einzige Möglichkeit für ihn, mit Menschen in Kontakt zu kommen. Er erinnert sich an die kleine Kneipe an der nächsten Straßenecke, an der er immer vorbeiläuft. Die Kneipe hat immer schon recht früh geöffnet. So hat Otto heute mal einen Grund aufzustehen. Er macht sich richtig schick. Er war, seit Elise verstorben ist, fast nicht mehr draußen, außer mal zum Einkaufen oder zum Zahnarztbesuch. Otto ist etwas nervös. Was ist, wenn er nicht mal in der Kneipe Anschluss findet?

Otto sitzt seit 2 Stunden in der Kneipe und trinkt ein Bier nach dem anderen. Als er spürt, dass er schon ein bisschen angetrunken ist, gibt er sich einen Ruck und geht zu einer Gruppe älterer Männer, die am Tresen stehen und scheinbar jeden Tag hier sind. Es herrscht eine sehr herzliche Atmosphäre, und Otto wundert sich, dass alle ein ähnliches Schicksal haben wie er. Einer von ihnen ist arbeitsunfähig durch einen Arbeitsunfall. Die beiden anderen sind ebenfalls Rentner und haben durch ihre Arbeit und Familienstreitigkeiten sämtliche soziale Kontakte verloren. Die Wirtin der Kneipe ist sehr warmherzig und wird zu Ottos neuer Ansprechpartnerin, seit Otto jeden Tag hier ist.

- Von welchen Bundesländern sind Mainz und Wiesbaden die Hauptstädte, und wie weit sind die beiden Städte voneinander entfernt?

- Wann ist Ottos Frau gestorben, und wie viele Kinder hatte das Ehepaar?

- Wie viele Freunde hatte Otto in seinem Betrieb?

- Welche Charaktereigenschaften von Otto sind dafür verantwortlich, dass er nicht so schnell Freunde findet?

- Wo findet Otto neue Freunde?

Sarah aus Bremen

Bremen ist das kleinste Bundesland Deutschlands und gleichzeitig eine Stadt. Bremen liegt in Norddeutschland. Die Nordsee ist nicht weit entfernt, und die Weser fließt mitten durch die Stadt. Man könnte meinen, es ist sehr friedlich hier, aber jeder der schon mal in Bremen war, wird feststellen, dass hier alles genauso ist wie woanders. Probleme wie Kriminalität und Armut sind hier im gleichen Ausmaß vorhanden wie in einem großen Bundesland - nur eben konzentrierter auf die kleine Fläche Bremens. Dennoch ist Bremen sehr schön. Die Bewohner leben sehr gerne dort. Außerdem hat Bremen viele Sehenswürdigkeiten.

Sarah ist in Bremen aufgewachsen. Ihre Eltern kamen als Spätaussiedler aus Russland in die Stadt. Die Eltern legen großen Wert auf die deutsche Kultur, da sie in Russland die deutschen Traditionen gepflegt haben und sich dort immer als Deutsche gefühlt haben. Sarah ist das egal, dass sie in Russland die Deutschen waren und in Deutschland die Russen sind. Sie freut sich einfach, dass sie beide Kulturen kennt und mit beiden Kulturen zurechtkommt. Sie fühlt sich als Bremerin und nicht als Deutsche oder Russin. Außerdem ist Bremen sehr international geprägt, dadurch geht es vielen Jugendlichen wie Sarah.

Sarah macht gerade ihr Abitur an einer Gesamtschule und will auch danach gerne weiter in Bremen wohnen bleiben. Leider gibt es in Bremen nicht so viele Ausbildungsplätze wie in anderen Regionen Deutschlands. Sie möchte, dass ihre Kinder später genau wie sie aufwachsen mit der Nähe zum Meer, der Weser und den Bremer Stadtmusikanten. Die Fabel um die Bremer Stadtmusikanten liebte sie als Kind. Es wird erzählt, dass sich vier schlecht behandelte

Haustiere nach Bremen aufmachen, um dort Musiker zu werden. Der Esel, der Hund, die Katze und der Hahn sind überall in Bremen als Bild oder Denkmal zu finden.

Heute am Sonntag schlendert Sarah mit ihrer Mutter durch das schöne Bremer Schnoorviertel. Die engen Gassen mit den kleinen Läden erinnern an das Mittelalter. Das Viertel ist ein Touristenmagnet der Stadt. Sarahs Mutter ist sehr ernst heute und wirkt etwas angespannt. Sarah kennt ihre Mutter sehr gut und merkt, wenn etwas nicht stimmt. „Mama, ist alles in Ordnung?“, fragt sie etwas besorgt. Die Mutter antwortet: „Ja Sarah, mach dir keine Sorgen.“ Sie schlendern weiter zum Weserufer. Das oberflächliche Gespräch zwischen Mutter und Tochter ist eher zwanghaft und angespannt. Plötzlich bleibt die Mutter stehen und sagt zu Sarah: „Ich trenne mich von Papa. Es geht einfach nicht mehr.“ Sarah spürt einen Kloß im Hals und merkt, wie sich ihr Hals zuschnürt. Sie hat schon bemerkt, dass sich ihre Mutter und ihr Vater ständig streiten. Sie spürt, dass ihr eine Träne über die Wange läuft. Vielleicht hat sie es nicht wahrhaben wollen. Ihre Mutter fährt fort: „Sarah, ich gehe weg aus Bremen. Ich kann nicht in der Stadt bleiben. Ich werde erstmal zu meiner Schwester nach Bremerhaven ziehen.“ – „Und was ist mit mir?“, fragt Sarah entsetzt. „Entweder du kommst mit oder du bleibst bei Papa.“ Sarah lässt ihre Mutter stehen und rennt davon.

Sie rennt ziellos an der Weser entlang und weint vor sich hin, bis sie keine Energie mehr hat. Sie setzt sich auf eine Bank an der Weserpromenade. Eine alte Frau setzt sich zu ihr. „Was ist denn los mein Kind? Warum bist du so traurig?“ Sarah erzählt der alten Frau zögerlich, dass ihre

Mutter sich von ihrem Vater trennen möchte. Es tut gut, mit einer fremden Person darüber zu sprechen. Die Frau hört geduldig zu und entgegnet dann: „So ist das Leben. Nie läuft alles glatt, sonst wäre das Leben doch langweilig, und die schönen Dinge wären auch nicht mehr so wertvoll. Sieh es einfach als Chance, als eine Veränderung, und lass deine Eltern glücklich sein." Sarah geht nach Hause. Schließlich trifft sie die Entscheidung, zu Hause auszuziehen und sich eine eigene Wohnung in Bremen zu suchen, sobald sie das Abitur geschafft hat. Vielleicht zieht sie sogar nach Bremerhaven. Das liegt noch näher an der Nordsee, und nach Bremen ist es nicht so weit. Ihre Wut auf die Mutter ist verflogen, seit dem Gespräch mit der alten Dame auf der Bank. Als sie nach Hause kommt, geht sie zu ihrer Mutter in die Küche und umarmt sie ganz fest.

- Welche Bundesländer Deutschlands sind größer als Bremen?

- Welcher Fluss fließt durch Bremen?

- Woher kommen Sahras Eltern?

- Wovon handelt die Fabel der Bremer Stadtmusikanten?

- Welche Entscheidung trifft Sarah bezüglich ihrer Zukunft?

Murat aus Frankfurt am Main

Murat ist in Frankfurt am Main geboren. Der Main, der Fluss, der durch die Stadt fließt, muss immer mit genannt werden, da es noch ein zweites Frankfurt an der Oder gibt. Die beiden Städte liegen jedoch weit auseinander. Frankfurt an der Oder ist an der polnischen Grenze und Frankfurt am Main liegt zentral in Deutschland. Murat hat in Frankfurt am Main sein ganzes Leben verbracht. Er ist 26 Jahre alt und lebt immer noch in der Stadt. Seine Eltern sind aus der Türkei eingewandert und zum Arbeiten nach Deutschland gekommen. Murats Vater hat lange bei der Firma Opel in Rüsselsheim gearbeitet und arbeitet mittlerweile in einem anderen kleineren Betrieb. Am Anfang war es sehr schwierig für Murats Eltern in Deutschland. Sie sprachen kein Deutsch. Murat musste als kleiner Junge die Eltern begleiten, wenn sie Termine bei Behörden oder beim Arzt hatten. Er war dann bei den Gesprächen der Übersetzer. Murats Vater spricht inzwischen sehr gut Deutsch. Die Mutter spricht eher mäßig, da sie immer zuhause war und auf Murat und seine Schwester aufgepasst hat. Zudem gibt es im Frankfurter Nordend und auch in ganz Frankfurt sehr viele türkische Familien, so dass man fast gar kein Deutsch braucht, um soziale Kontakte zu pflegen. Auch Lebensmittel oder Kleidung kann man in türkischen Geschäften einkaufen, die im Nordend zahlreich zu finden sind.

Für Murat ist Deutsch die Muttersprache. Er ist in Frankfurt in den Kindergarten und in die Schule gegangen. Er hat sogar das Abitur geschafft und studiert an der Fachhochschule in Frankfurt Maschinenbau. Er war im Kindergarten und in der Schule nie ein Außenseiter, da in Frankfurt sehr viele Kinder türkischstämmig sind. Er hat nach wie vor viele sogenannte Deutschtürken als Freunde. Jedoch studieren nur wenige von ihnen. Sein bester Freund Emre hat zum Beispiel das Dönerrestaurant seines Vaters übernommen. Döner Kebab gehört zum beliebtesten Fast Food in Deutschland und wurde in abgewandelter Form aus der Türkei importiert. Auch Murat isst sehr gerne Döner. Bei Emre bekommt er seine Dönertasche immer gratis.

Heute kommt er wieder mal nach der Fachhochschule bei Emre im Laden vorbei. Nach einer kurzen Begrüßung hat Murat auch schon einen Döner auf dem Tisch. Emre setzt sich zu ihm und sagt: „Murat, du musst dein eigenes Geschäft aufbauen. Nur so kannst du irgendwann reich werden. Mit deinem Studium bist du auf dem Weg in ein Angestelltenverhältnis. Sie zahlen dir genug zum Leben, aber nicht genug, dass du eines Tages zuhause bleiben kannst. So musst du bis zur Rente arbeiten." – „Dafür habe ich weniger Risiko! Eine gute Ausbildung ist die beste Versicherung gegen Armut!", entgegnet Murat. Die beiden unterschiedlichen Lebensweisen sind ein ständiges Streitthema zwischen den beiden Freunden. Seit Murat studiert, fühlt er sich Emre zumindest vom Bildungsstand überlegen. Insgeheim belächelt Murat Emre ein bisschen. „Eine Dönerbude kann doch jeder führen, aber ein Maschinenbaustudium, das schafft nicht jeder", denkt er sich.

Die Jahre vergingen schnell, und Murat fand eine Anstellung in einem großen Ingenieurbüro außerhalb von Frankfurt und zwar in Paderborn. Er versuchte sehr oft nach Frankfurt zu fahren, weil dort immer noch seine Eltern und Freunde lebten. Leider blieb wenig Zeit für solche Besuche. In seiner Firma musste er ziemlich viel arbeiten. Zusätzlich hatte er selbst eine kleine Familie in Paderborn gegründet. Dafür war aber die Bezahlung ganz ordentlich, und er konnte ohne finanzielle Sorgen in die Zukunft blicken.

Sein Freund Emre arbeitete noch einige Jahre in seinem Dönerladen. Dadurch, dass er sehr viel Wert auf Qualität seiner Speisen legte, lief es richtig gut. Er konnte mit seinem Geschäft in die Innenstadt von Frankfurt umziehen. Emre arbeitete immer weniger, denn er konnte immer mehr Angestellte einstellen, so dass er sich schon mit 36 Jahren nur noch um das Finanzielle kümmern musste. Er hatte genügend Zeit für Freunde und Familie und vor allem genug Zeit, um zu verreisen. Er hatte nie das Gefühl irgendetwas verpasst zu haben. Murat merkte hingegen, dass Emre damals einfach schlauer gewesen ist als er.

- Warum nennt man den Fluss „Main“ immer mit, wenn man über Frankfurt spricht?

- Wie half Murat seinen Eltern als Kind bei Behörden?

- Was kostet für Murat eine Dönertasche, wenn er Döner bei Emre isst?

- Warum fühlt sich Murat Emre überlegen?

- Was muss sich Murat am Ende der Geschichte eingestehen?

Sven aus Duisburg

Duisburg ist eine große Stadt, die wie Dortmund, Essen, Oberhausen und anderen Großstädten im Ruhrgebiet liegt. Duisburg gilt dort als eine der ärmeren Städte. Die Industrie geht immer weiter zurück, so dass es dort viele Menschen ohne Arbeit gibt, die Sozialleistungen beziehen. So geht es auch Sven. Er ist 28 Jahre alt und ist gelernter Bäcker. Er hat seine Ausbildung bei einer kleinen Bäckerei im Stadtteil Neumühl abgeschlossen und konnte dort nach seiner Ausbildung arbeiten. Die Bäckerei war wie eine kleine Familie. Dadurch machte es Sven nicht viel aus, dass er dort nicht so viel verdiente wie seine Freunde bei ihren Jobs. Auch an das frühe Aufstehen hatte sich Sven gewöhnt. Er musste um 3.30 Uhr morgens anfangen zu backen, damit die Kunden am Morgen ihre frischen Brötchen bekommen. Wenn er mal Geld oder einen Tag Urlaub extra brauchte, war das für seinen Chef kein Problem. Die Frau vom Chef war für den Verkauf zuständig, und es gab außer Sven nur noch eine weitere Angestellte. Die Bäckerei hat vor 5 Jahren geschlossen. Bisher hat Sven keine neue Arbeit gefunden. Das größte Problem für den Betrieb waren die großen Bäckereiketten, die aufgrund von maschinellen Massenproduktionen die Brötchen viel günstiger anbieten konnten als der kleine Familienbetrieb.

In der Anfangszeit seiner Arbeitslosigkeit hat Sven viele Bewerbungen geschrieben. Ab und zu hat er kurze Anstellungen als Hilfsarbeiter gefunden. Beispielsweise arbeitete er 3 Monate in einer Gärtnerei. Leben konnte er von dem Lohn nicht. Wenn Sven jedoch gar nicht arbeitet, dann bekommt er Hilfe vom Arbeitsamt. Das Amt zahlt die Miete seiner Wohnung und überweist ihm jeden Monat nochmal knapp 400 Euro zum Leben. „Was bringt es mir zu arbeiten, wenn ich am Ende sogar noch weniger habe als die Sozialleistungen vom Arbeitsamt, so wie bei dem Job in der Gärtnerei?", hat sich Sven ständig gefragt.

Sven schaut den ganzen Tag Fernsehen und trifft sich ab und zu mit Freunden. Eine Mitgliedschaft in einem Fitnessstudio kann er sich auch leisten. Sven hat irgendwann beschlossen, keine schlechte Laune mehr zu haben und die Zeit zu nutzen, um etwas für sich selbst zu tun. Trotz des schlechten Angebots an Beschäftigungsmöglichkeiten liebt er Duisburg und das Ruhrgebiet und möchte hier niemals wegziehen. Mit seiner Situation hat er sich angefreundet. Früher als er noch arbeitete, hatte er nie Zeit für Freunde und Familie. Das hat sich mit der Arbeitslosigkeit geändert. Außerdem hat Sven jetzt Zeit, sich sozial ein wenig zu engagieren. Er hilft bei der Essensausgabe für Obdachlose ehrenamtlich mit. Dieser unbezahlte Job gibt ihm sehr viel und zeigt ihm, wie gut es ihm eigentlich geht.

Heute bei der Essenausgabe sieht er ein neues Gesicht. Einen jungen Mann in seinem Alter. Sven gibt ihm eine ordentliche Portion der Erbsensuppe und fragt ihn: „Bist du neu hier, ich habe dich hier noch nie gesehen?" – „Ja ich bin Peter und komme aus Erfurt. Eigentlich möchte ich nach Holland weiter, aber jetzt habe ich kein Geld mehr und muss erstmal in Duisburg bleiben. Ich schlafe unter einer Brücke in Duisburg Marxloh, und gelegentlich komme ich dort in der Notunterkunft unter." Peter wirkt auf Sven verbittert, und Sven fragt sich, was bei ihm wohl schiefgelaufen ist. Ein so junger Kerl, der auf der Straße lebt. Trotzdem möchte Sven ihn nicht mit Fragen quälen.

Er weiß schließlich selbst, wie das ist, wenn man das Gefühl hat, dass man sich ständig rechtfertigen muss. Peter scheint sehr sympathisch zu sein. Sven denkt, dass er wahrscheinlich viel Pech im Leben gehabt hat und es irgendwie nicht mehr aus seiner Situation herausschafft. „Weißt du Peter, es ist kalt heute. Du kannst bei mir pennen. Danach sehen wir weiter." Peter schaut ihn mit großen dankbaren Augen an, und er bringt ein leises, aber ehrliches „Danke" hervor.

Bei Sven hat Peter geduscht und etwas gegessen. Sven hat ihm einige alte Klamotten geschenkt, die er sowieso nicht mehr braucht. Peter wirkt nun gar nicht mehr wie ein Obdachloser. Die Unterhaltung mit ihm ist sehr angenehm und phasenweise sogar witzig. Peter lässt ab und zu durchblicken, dass er eigentlich ein sehr humorvoller und intelligenter Mensch ist. Seine Eltern sind vor zwei Jahren bei einem Autounfall gestorben, und er hat zur gleichen Zeit seine Arbeit verloren. Er ist genau wie Sven gelernter Bäcker. Sich beim Arbeitsamt vorzustellen und die ganzen Anträge zu stellen, hat er einfach nicht geschafft. Er hat ein halbes Jahr von seinen Ersparnissen gelebt, bis er seine Wohnung verlor. Seit er keinen festen Wohnsitz mehr hat und nirgendwo gemeldet ist, ist es noch schwieriger für ihn geworden, die ganzen Anträge auszufüllen. Denn um die Anträge zu vervollständigen, braucht man einen festen Wohnsitz. Peter hatte schließlich gar nichts mehr. Um seinen Bruder um Hilfe zu bitten, der seit 10 Jahren in Hamburg wohnt, ist er einfach zu stolz. Sie hatten nie das beste Verhältnis. Je aussichtsloser Peters Situation war, desto schwieriger war es für ihn, seinen Bruder anzurufen.

Sie verstehen sich gut Sven und Peter. Sven denkt sich, dass er ihn doch nicht einfach so ziehen lassen kann. „Pass auf Peter, ich helfe dir. Wir machen das zusammen und gehen morgen zum Arbeitsamt. Dann machen wir das: Schritt für Schritt."

Sven und Peter wurden dicke Freunde. Peter blieb in Duisburg. Sie konnten sich über eine Förderungsmaßname vom Arbeitsamt selbstständig machen. Sie eröffneten ein Café mit selbstgebackenem Kuchen am Rande des Zentrums von Duisburg. Dort stellten sie nur Arbeitslose und Obdachlose an, so dass man mit jedem Kaffee, den man dort trank, helfen konnte.

- Wo liegt Duisburg, und welchen Ruf hat die Stadt?

- Warum nimmt Sven keinen schlecht bezahlten Job an?

- Wo schläft Peter, bevor er bei Sven unterkommt?

- Wovon hat Peter gelebt, nachdem er seinen Job verlor?

- Wie sinnvoll nutzt Sven seine Zeit als Arbeitsloser?

Claudia aus Westerland

„Ich will zurück nach Westerland“, tönt es aus den Lautsprecherboxen einer bekannten Strandbar. „Die Ärzte“ heißt die bekannte Musikgruppe, der dieses Lied über die Nordseeinsel Sylt und ihrer Hauptstadt Westerland zu verdanken ist. Das Lied ist zur Hymne der Insel geworden. Die Ironie im Text ist den meisten Hörern gar nicht bewusst, und auch die Sylter singen den Text fröhlich mit.

Man sagt Sylt ist die Insel der Schönen und Reichen. Immobilien sind sehr teuer, und nur die wenigsten Menschen können es sich leisten, dauerhaft auf Sylt zu wohnen. Sylt ist eine Insel mit den schönsten Stränden Deutschlands. Sie ist 38 Kilometer lang und an manchen Stellen nur wenige hundert Meter breit. Verbunden ist die Insel mit dem Festland über einen Damm, auf dem ein Zug fährt und die Insel mit dem Festland verbindet. Claudia wohnt auf dem Festland und fährt jeden Tag von ihrer Heimatstad Niebüll nach Westerland zum Arbeiten. Sie ist Kellnerin in einem Fischrestaurant in Westerland. Sie ist genervt von der Fahrerei, da der Zug sehr häufig Verspätung hat und meistens überfüllt ist. Eine Wohnung auf Sylt kann sie sich jedoch leider nicht leisten. Außerdem wird eine Arbeit auf dem Festland wesentlich schlechter bezahlt.

Heute kommt Claudia wieder mit einer Stunde Verspätung zur Arbeit, denn ihr Zug kam wieder mal später, als es auf dem Fahrplan angegeben ist. Ihr Chef kennt das schon, so dass er nicht sauer auf Claudia ist. Sie muss jedoch die Zeit, die sie mit Warten auf dem Bahnhof verbracht hat, nachholen. Claudia ist genervt, aber sie muss trotzdem gute Laune ausstrahlen, schließlich sollen sich die Restaurantgäste wohlfühlen. Wenn Claudia nicht so viele Schulden hätte und kein Kind, das sie allein großzieht, dann hätte sie sich schon eine schlecht bezahlte Arbeit auf dem Festland gesucht.

An Tisch 5 sitzt ein Mann um die 50 Jahre mit einem Jungen, der gerade in die Pubertät gekommen ist. Claudia geht zum Tisch und fragt höflich mit einem gespielten Lächeln: „Was darf es denn sein? Haben Sie sich schon entschieden?“ – „Ja, wir würden gerne frühstücken, wenn das möglich ist. Wir nehmen beide das Sylter Frühstück von Ihrer Karte. Für mich dazu einen Kaffee und für meinen Sohn Tim eine Cola bitte“, entgegnet der Mann freundlich. Claudia merkt sofort, wenn Leute Geld haben. Richtig reiche Leute protzen nicht mit Ihrem Reichtum, und auch dieser Mann wirkt sehr bodenständig. An seinem Verhalten merkt Claudia, dass er richtig reich sein muss. Sie hat dafür einen Riecher. „Bringe ich sofort“, antwortet Claudia. Martina, ihre Kollegin lächelt Claudia an: „Hast du gesehen, wie der Typ dich angeschaut hat?“ Claudia lacht. Das heitert sie ein wenig auf und freut sie sehr. Der Mann am Tisch sieht nämlich ziemlich gut aus und ist ihr sympathisch. Claudia bringt die Bestellung und lächelt dieses Mal ganz ehrlich. „Lassen Sie es sich schmecken und willkommen auf Sylt“ – „Wir haben uns ein Haus in Kampen gekauft und sind gerade dort eingezogen. Wenn hier alle so freundlich sind wie Sie, dann wird das eine sehr schöne Zeit auf Sylt.“ Kampen ist der wohlhabendste Ort auf der Insel. Da wohnen nur Prominente und Leute, die vermögend sind. Claudia ist beeindruckt und sagt: „Dann können Sie ja öfter vorbeischauen. Die Strecke von Kampen nach Westerland kann man gut mit dem Fahrrad fahren.“

Der Mann möchte bezahlen. Das Trinkgeld ist sehr großzügig, was Claudia sehr freut. Noch mehr freut sie, als der Mann zu ihr sagt: „Wir suchen übrigens noch eine Haushälterin, die am besten bei uns im Haus wohnt. Das Haus ist zu groß für Tim und mich. Die Bezahlung wäre auch gut. Vielleicht kennen Sie jemanden, der gerade einen Job sucht und ähnlich warmherzig ist wie Sie." Claudia überlegt nicht lange: „Ja, da kenne ich tatsächlich jemanden, allerdings hat diejenige ein Kind!" – „Umso besser für Tim", lächelt der Mann. „Ich melde mich gerne, wenn Sie mir Ihre Telefonnummer geben.", antwortet Claudia glücklich.

- Wie groß ist die Nordseeinsel Sylt?
- Warum ist Claudia auf dem Weg zur Arbeit oft genervt?
- Warum mietet Claudia keine Wohnung auf Sylt?
- Wie alt ist Tim, der Sohn des wohlhabenden Mannes?
- Was macht Claudia am Ende der Geschichte glücklich?

Frank aus Lüneburg

Frank ist von Hamburg nach Lüneburg gezogen und wohnt durch den Umzug im Bundesland Niedersachsen. Lüneburg ist eine sehr schöne Stadt in Norddeutschland. In Hamburg war es für Frank sehr schwierig, eine Wohnung zu finden. Er konnte nicht mehr in seiner alten Wohnung bleiben, da der Vermieter die Wohnung renoviert hatte und plötzlich deutlich mehr Miete verlangte.

Nun wohnt Frank in einer Zweizimmerwohnung im Stadtteil Kaltenmoor. Es ist zwar nicht der schönste Stadtteil in Lüneburg, aber er kann von dort gut den Bahnhof erreichen und nach Hamburg mit dem Zug zur Arbeit fahren. Lüneburg gefällt ihm ganz gut, dennoch ist es etwas anderes, wenn man dort wohnt, als wenn man Lüneburg nur für eine kurze Zeit als Tourist besucht. In Lüneburg wird eine bekannte Fernsehserie gedreht. Diese lockt vor allem ein älteres Publikum in die Stadt, um die Schauplätze der Serie zu entdecken. Wenn die Serie gedreht wird, werden manchmal Plätze oder Straßen der Innenstadt gesperrt. Das stört Frank aber nicht. Vielmehr stört ihn, dass Lüneburg eine reine Autostadt ist, das heißt die Radwege sind sehr schlecht ausgebaut oder nicht vorhanden. Auch der öffentliche Nahverkehr ist eher unzuverlässig. Außerdem sind die Preise innerhalb Lüneburgs ihm etwas zu hoch. In ein Restaurant zu gehen und dort zu speisen, muss man sich aufgrund der hohen Preise zweimal überlegen.

An diesem schönen Sommertag ist Frank in der Lüneburger Innenstadt unterwegs. Freunde hat er bisher nicht in Lüneburg gefunden. Er überquert mit seinem Fahrrad die Brücke über den Fluss Ilmenau. Er steigt von seinem Fahrrad ab und geht an der Restaurantgasse „Am alten Kran“ im alten Lüneburger Hafen vorbei. Kein Regen in Sicht – nur Sonnenstrahlen. Es ist ein herrlicher Tag. Er stellt sein Fahrrad ab, weil er ein Foto von den Restaurants am Flussufer machen möchte. Das Foto will er seiner Mutter schicken, um ihr zu zeigen, wie schön seine neue Wahlheimat ist. Nachdem er das Foto gemacht hat, dreht er sich um und bemerkt, dass sein Fahrrad, das er für die kurze Zeit nicht abgeschlossen hat, verschwunden ist. „Ich habe mich doch nur kurz umgedreht!“, denkt Frank laut. In der Ferne sieht er, dass jemand mit seinem Fahrrad davonfährt. Frank läuft hinterher, jedoch ist der Dieb schon zu weit weg, um ihn einzuholen. So ein verdammter Mist! Frank geht zum Polizeirevier, um den Diebstahl anzuzeigen. Ein Polizist nimmt die Anzeige auf. Den Täter kann Frank nicht beschreiben, aber sein Fahrrad. „Haben Sie das Fahrrad denn nicht angeschlossen?“, fragt der Polizist. „Ich habe mich doch nur kurz umgedreht.“, antwortet Frank sauer. Die Polizei scheint keine große Hilfe zu sein. Frank ist frustriert und geht zu Fuß nach Hause. Ein neues Fahrrad kann er sich nicht leisten. Er denkt an seine Kindheit und Jugend zurück. Er überlegt eine Weile und denkt sich: „Wie hätte ich das damals gemacht?“ Na klar, er hat die Lösung. Wenn ihm ein Fahrrad gestohlen wird, dann kann er sich doch auch einfach ein Fahrrad klauen. Das ist doch ausgleichende Gerechtigkeit!

Am nächsten Tag geht er zum Baumarkt, um sich einen Bolzenschneider zu kaufen. Frank ist etwas nervös. Er hat schon seit vielen Jahren nichts Kriminelles mehr gemacht, aber „da muss ich jetzt durch“, denkt sich Frank. In der Nacht geht Frank zum Bahnhof und spürt, dass sein

Körper jede Menge Adrenalin ausschüttet. Dadurch hat er einige Schweißperlen auf der Stirn. Hinter dem Bahnhof von Lüneburg sind jede Menge Fahrräder angeschlossen. Frank weiß noch aus seiner Jugend, dass man nicht jedes Fahrradschloss mit dem Bolzenschneider aufschneiden kann. Da sieht Frank ein schönes Fahrrad, das nur durch ein billiges Kabelschloss gesichert ist. Frank atmet tief durch, schaut sich noch einmal um, ob ihn niemand beobachtet und schon hat er das Schloss aufgebrochen. Später, wenn er zuhause ist, will er das Fahrrad neu lackieren. Lüneburg ist relativ klein, so dass ein Risiko besteht, den Fahrradbesitzer in der Stadt zu treffen. Nicht, dass dieser auf einmal vor ihm steht. Er fährt mit dem Fahrrad nach Hause. Er spürt eine Mischung aus schlechtem Gewissen, Nervosität aber auch Genugtuung in seinem Kopf.

Zwei Wochen später fährt Frank mit „seinem“ neuen Fahrrad durch ein Waldstück in Richtung Adendorf, einen kleinen Ort vor Lüneburg. Ein Radfahrer überholt ihn. „Hey Moment mal! Das ist doch mein Fahrrad!“ Frank tritt ordentlich in die Pedale und schubst den Dieb seines Fahrrades an den Wegrand. Der Dieb wirkt recht schmächtig, so dass Frank keine große Angst vor ihm hat. Er ist genau wie Frank um die 30 Jahre alt. Frank stellt ihn zur Rede. „Es tut mir leid! Ich habe kein Geld, um mir ein Fahrrad zu kaufen!“, sagt der Dieb von Franks Fahrrad. Irgendwie wirkt er gar nicht so unsympathisch auf Frank. Außerdem versucht er gar nicht erst, irgendwelche Ausreden zu erfinden. „Weißt du was? Wir tauschen einfach die Fahrräder! Ich bekomme mein Rad zurück, und ich gebe dir dieses hier.“ Frank stellt das Fahrrad ab und ergreift sein eigentliches Fahrrad. Der Dieb schaut

Frank verdutzt an. Er möchte noch etwas sagen, aber da ist Frank schon mit seinem zurückerhaltenen Fahrrad verschwunden.

- In welchem Bundesland liegt Lüneburg?
- Warum konnte Frank nicht in Hamburg bleiben und musste nach Lüneburg umziehen?
- Was ist für Frank ausgleichende Gerechtigkeit, nachdem sein Fahrrad geklaut worden ist?
- Warum möchte Frank das gestohlene Fahrrad umlackieren?
- Warum kann der Dieb am Ende sagen, dass er kein Fahrrad gestohlen hat?

Alexander aus München

Alexander ist damals für sein Medizinstudium nach München gekommen. Er hatte lange auf seinen Studienplatz gewartet und nutzte die Wartezeit, um eine zweijährige Ausbildung als Sanitäter abzuschließen. So hohe Mieten wie in München kannte Alexander aus seiner Heimatstadt Rosenheim nicht, was dazu führte, dass er als Student von der Hand in den Mund leben musste. Da er den größten Teil seines Geldes für die Miete ausgeben musste, konnte er sich keine großen Sprünge erlauben. Doch nun hat er sein Studium abgeschlossen und arbeitet in einem Krankenhaus im Stadtteil Schwabing. Er hat mit der Zeit die Stadt lieben gelernt. Er zeigt seinen Eltern und Freunden, wenn sie ihn aus Rosenheim besuchen, gerne die Stadt und ihre Sehenswürdigkeiten. Sie schlendern dann über den wunderschönen Marienplatz mitten im Zentrum oder gehen an der beeindruckenden Peterskirche vorbei. Alexanders Bruder ist großer Sportfan und spielt selbst leidenschaftlich Fußball. Mit ihm war Alexander im Olympiapark, der damals extra für die olympischen Spiele 1972 gebaut worden ist. Dort steht das alte Olympiastadion, in dem der FC Bayern München, der erfolgreichste deutsche Fußballverein, bis zum Jahr 2005 gespielt hat. Auch der andere große Verein aus München, der TSV 1860 München trug viele seiner Spiele im Olympiastadion aus. Danach wurde eine neue Arena gebaut, so dass das Olympiastadion meist nur noch für Konzerte genutzt wird.

Wenn Alexander mal Besuch von weiter weg bekommt, dann wollen alle eigentlich immer nur eins von München sehen - das Oktoberfest. Letztens hat ihn sogar ein Freund aus Newcastle besucht, den er damals bei einem Schüleraustausch kennengelernt hat. Auch dieser Freund wollte zum Oktoberfest. Alexander tat ihm den Gefallen. Alexander mag das Oktoberfest nicht. Es ist überfüllt mit Touristen und Nicht-Münchnern in Lederhosen, dem klassischen bayrischen Outfit. Außerdem sind die Preise völlig überzogen. Als Student hätte er dort an einem Abend wahrscheinlich so viel Geld ausgegeben wie sonst in einem ganzen Monat.

Alexander arbeitet hart. Die Zeit im Krankenhaus ist sehr anstrengend. Er hat zwar das Gefühl, dass er jetzt ganz gut verdient, aber er merkt, wie seine Freizeit viel zu kurz kommt. Normalerweise würde es Alexander gar nicht schaffen, abends noch Discotheken zu besuchen, aber es ist nun mal eine Möglichkeit, den Alltag zu vergessen. Vielleicht lernt er auch mal wieder eine Frau kennen. Die Ärzte im Krankenhaus haben alle das gleiche Problem: Sie müssen viel zu viel arbeiten. Von einem Kollegen bekam Alexander vor drei Jahren das erste Mal Kokain angeboten. Tatsächlich half ihm die Droge, die Schichten zu schaffen und hinterher noch feiern zu gehen.

In dieser Nacht hat Alexander gar nicht geschlafen. Er war noch bis 5.30 Uhr morgens in seiner Stammdiskothek unterwegs und musste um 7.00 Uhr schon wieder im Krankenhaus sein. Er fühlt sich erstaunlich fit nach einer Dusche und einem Kaffee. Im Auto zur Arbeit merkt er plötzlich, dass er traurig wird. Er bricht ohne Vorwarnung in Tränen aus. Alexander weiß, dass man vom Kokain depressive Verstimmungen bekommt. Das Einzige was ihm in dieser Situation wahrscheinlich helfen würde, wäre wieder etwas Kokain zu schnupfen. Er möchte aber vor der Arbeit keine Drogen nehmen. Das hat er sich geschworen. Unglücklicherweise hören diese

Verstimmungen nicht mehr auf. Alexander ist tieftraurig und bekommt einen Heulkrampf nach dem anderen. Er dreht um, fährt nach Hause und legt sich ins Bett. „Gut, wenn ich heute sowieso nicht bei der Arbeit bin, dann kann ich auch eine Nase Kokain ziehen“, denkt er sich. Gesagt, getan.

Die depressiven Verstimmungen wurden im Laufe der Zeit immer schlimmer, und Alexander verlor seinen Job. Nach einiger Zeit Arbeitslosigkeit bekam er glücklicherweise das Angebot, in einem Dorf in Mecklenburg-Vorpommern eine eigene Praxis zu eröffnen. Auf dem Land herrscht ein großer Ärztemangel. Die jungen Ärzte wollen in den großen Städten arbeiten, und die alten Ärzte in den Dörfern gehen nach und nach in den Ruhestand. Die Kommunen unterstützen junge Ärzte beim Aufbau einer eigenen Praxis und machen aktiv Werbung für eine Karriere auf dem Land.

Das Bundesland Mecklenburg-Vorpommern ist etwas völlig anderes als Bayern. Es liegt weit im Norden von Deutschland. Alexander kannte den Norden vorher gar nicht. Aber er wollte einen Neuanfang, und so kam ihm das Angebot ganz recht. Dort hat es Alexander geschafft, von den Drogen loszukommen. Es gibt auch keinen Grund zum Drogennehmen. Die Arbeit ist sehr ruhig, wodurch Alex sogar Zeit zum Ausschlafen hat. Er hat eine Frau im Nachbardorf gefunden, die zehn Jahre älter ist als er und bereits ein Kind hat. Mit diesem Kind als Patient kam sie das erste Mal in seine Praxis.

Als Arzt ist er sehr beliebt im Dorf, aber wahrscheinlich ist er der jüngste Einwohner. „Alle ziehen hier weg, doch irgendwann kommen sie wieder!“ sagt ihm seine 65jährige Sprechstundenhilfe mit einem Augenzwinkern.

- In welchem Münchner Stadtteil wohnt Alexander?
- Wofür wurde der Olympiapark in München gebaut?
- Was macht Alexander, um nach der Arbeit den Alltag zu vergessen?
- Warum herrscht in vielen deutschen Dörfern ein Ärztemangel?
- Wo bekommt Alexander ein Jobangebot?

Susanne und Lukas aus Köln

Lukas trifft sich an diesem schönen Tag im späten Winter und kurz vor Frühlingsbeginn mit seiner Frau am Kölner Dom. Seine Frau Susanne kommt ursprünglich aus Düsseldorf, wo sie heute ihre Eltern besucht hat. Wegen der Liebe zu Lukas ist sie vor kurzem nach Köln gezogen. Ihre Eltern waren zunächst gar nicht begeistert, dass ihre Tochter einen Kölner heiraten möchte. Die Rivalität zwischen Köln und Düsseldorf ist immer noch allgegenwärtig, was man aber natürlich nicht allzu ernst nehmen sollte. Kennengelernt haben sich die beiden beim Kölner Karneval. Zur Karnevalszeit herrscht im Rheinland und vor allem in Köln Ausnahmezustand. Niemand ist mehr wirklich ansprechbar. Keiner arbeitet, alle verkleiden sich und ziehen fröhlich durch die Kölner Altstadt.

Normalerweise hat Susanne den Karneval immer in Düsseldorf gefeiert, aber wegen einer Arbeitskollegin aus Köln hat sie damals ausnahmsweise den Karneval in Köln besucht. Direkt an Weiberfastnacht, der Donnerstag, der den Karneval einleitet, hat sie dann Lukas kennengelernt. Lukas war als Gefängnishäftling verkleidet und genau wie sie nicht mehr ganz nüchtern. Sie hatten ein langes Streitgespräch geführt, welche Stadt besser ist: Köln oder Düsseldorf. Sie neckten sich, stritten im Spaß miteinander, und am Ende des Tages tauschten sie die Telefonnummern. Auch als sie sich zwei Wochen später nüchtern trafen, verstanden sie sich immer noch sehr gut. Obwohl Susanne Bedenken hatte, ob sie auch außerhalb einer ‚oberflächlichen Party zusammenpassen würden. Natürlich waren die Gespräche wesentlich ernster und nicht mehr so albern, aber trotzdem passte es. Seit sie nun mit Lukas zusammen ist, feiert sie nur noch in Köln den

Karneval. Sie sind sehr glücklich zusammen. Sie planen sogar gerade, ein Kind zu bekommen.

Nun ist es endlich wieder so weit, sie schlendern Richtung Innenstadt. Sie wollen sich heute am Rosenmontag den Karnevalsumzug anschauen. Die sogenannten Jecken ziehen durch die Stadt, was ausgelassen gefeiert wird. Die beiden sind natürlich verkleidet: Susanne als Clown und Lukas als Cowboy. Lukas hat Bier zum Kölner Dom mitgebracht, und sie trinken ein erstes gemeinsames Bier. Heute schmeckt das Bier schon am Nachmittag. Die Stimmung der beiden ist super.

Dann stehen sie am Straßenrand in der Innenstadt mit vielen anderen Leuten, die sich alle bunt verkleidet haben, und warten auf die Umzugskarawane. Aus den Kneipen hört man Karnevalsmusik, und die Stimmung ist schon sehr ausgelassen. „Viva Colonia!", halt es aus jeder Ecke. Das ist die Karnevalshymne der Musikgruppe „Die Höhner", die jeder Kölner auswendig kennt. „Verdammt lang her" von der Kölner Gruppe „BAP" erledigt den Rest. Die Gruppe singt mit einem sehr starken Kölner Dialekt, so dass Nicht-Kölner Schwierigkeiten haben, die Texte zu verstehen.

Sie stehen dicht gedrängt. Direkt hinter ihnen am Straßenrand stehen eine „Giraffe" und ein „Affe", als die Karnevalswagen langsam heranfahren. Lukas merkt, dass die „Giraffe" seiner Frau etwas zu nahekommt und sie ständig ein bisschen anrempelt. Zunächst denkt sich Lukas nichts dabei, aber irgendwann ist es ganz offensichtlich, dass die „Giraffe" Susanne bedrängt. Auf einmal merkt Lukas, dass ihn der „Affe" ständig scheinbar zufällig anfasst. Lukas wird das etwas zu viel. Vor allem aber die „Giraffe“ nervt ihn. Als Lukas gerade die „Giraffe“ auch mal ordentlich anrempeln will, sind „Affe“ und „Giraffe“ plötzlich verschwunden. Lukas geht zu Susanne. Auch sie fühlte sich bedrängt und wirkt etwas irritiert. Auf einmal kommen die „Giraffe“ und der „Affe“ zurück mit jeweils zwei Bieren in der Hand. „Prost, ihr Säcke“, sagt die Giraffe, während sie Susanne und Lukas ein Bier in die Hand drückt. „Die Stimme kenne ich doch.“, denken Susanne und Lukas gleichzeitig. Auch das Lachen des „Affen“ kommt ihnen sehr bekannt vor. Es sind Susannes Eltern, die dieses Jahr den Karneval in Köln feiern. „Wir wollen doch die Kölner heute ein bisschen ärgern!“, lacht die „Giraffe“.

- Wo haben sich Lukas und seine Frau Susanne kennengelernt?
- Wie war Lukas beim Kennenlernen verkleidet?
- Wo wohnen die Eltern von Susanne, und warum sind sie auf dem Kölner Karneval?
- Warum verstehen Nicht-Kölner die Texte der Musikgruppe „BAP“ so schlecht?
- An welchem Wochentag ist Weiberfastnacht?

Johanna aus Nürnberg

Johanna legt großen Wert darauf, dass ihre Heimatstadt Nürnberg zu Franken gehört und nicht zum Bundesland Bayern, obwohl Nürnberg offiziell die zweitgrößte Stadt Bayerns ist. Franken ist kein eigenes Bundesland und Teile von Thüringen, Baden-Württemberg, Hessen oder eben Bayern zählen sich zu den Franken. Nürnberg liegt in Mittelfranken, und die Einwohner fühlen sich mit dieser Region traditionell näher verbunden als mit den Bayern und ihrem Zentrum München.

Das schönste in Nürnberg ist für Johanna die Weihnachtszeit. Dann findet in Nürnberg der sogenannte Nürnberger Christkindlesmarkt statt. Dieser gehört zu den ältesten Weihnachtsmärkten in Deutschland. Es gibt den Christkindlesmarkt schon seit dem 16. Jahrhundert. Weihnachtsmärkte findet man in Deutschland eigentlich fast in jeder Stadt. Oft fangen diese schon Ende November zur Vorweihnachtszeit an. Es gibt dort Glühwein und Lebkuchen. Besonders wenn es kalt ist, ist es sehr gemütlich, an den Glühwein- oder Essensständen zu verweilen. Der Duft der Leckereien bringt die Besucher in Weihnachtsstimmung.

Am heutigen Abend ist Johanna mit ihrem Bruder auf dem Weihnachtsmarkt verabredet. Ihr Bruder Franz ist von Nürnberg nach Bayreuth gezogen, weil er dort nach seinem Studium seinen ersten Job gefunden hat. Bayreuth liegt wie Nürnberg in Nordbayern und ist keine 100 Kilometer entfernt. Franz kommt gerne zurück nach Nürnberg, da er hier wie Johanna aufgewachsen ist. Vor allem zu Weihnachten ist Franz immer länger zu Besuch in seinem Elternhaus. Nun schlendert er kurz vor Weihnachten mit seiner jüngeren Schwester über den

Christkindlesmarkt. Mit ihnen sind viele Touristen zu Besuch, die den berühmten Markt einmal sehen wollen. Sogar Menschen aus China kommen zum Weihnachtsmarkt nach Nürnberg. Trotz der vielen Touristen ist der gemütliche Charme erhalten geblieben. Die beiden bleiben an einem Stand stehen und bestellen einen Glühwein.

„Weißt du Franz, ich bin echt froh, dass du glücklich in Bayreuth bist. Trotzdem freue ich mich immer, wenn du hier bist.“, sagt Johanna. „Ich freue mich auch immer wieder zurückzukommen. Natürlich euretwegen, aber auch wegen der Stadt: Der mittelalterliche Charme Nürnbergs mit der Altstadt, den roten Dächern und der Kaiserburg. Da geht einfach mein Herz auf!“, entgegnet Franz. „Seit du ausgezogen bist, ist dein Verhältnis zu Papa besser geworden. Früher habt ihr euch sehr oft gestritten.“, bemerkt Johanna. „Ja stimmt. Aber wenn man auszieht, merkt man erst, wie wichtig einem manche Menschen sind. Außerdem verstehe ich auch erst mit ein bisschen Abstand, dass unser Vater immer nur das Beste für uns wollte.“, sagt Franz. „Ja, so schön war es noch nie in unserer Familie“, lacht Johanna und nimmt einen Schluck vom Glühwein.

- Was ist der Christkindlesmarkt, und seit wann gibt es diesen in Nürnberg?
- Wann beginnen die Weihnachtsmärkte, und was ist das typische Getränk dort?
- Warum ist Franz von Nürnberg nach Bayreuth gezogen?
- Was macht den mittelalterlichen Charme Nürnbergs aus, bei dem Franz das Herz aufgeht?
- Wie ist das Verhältnis von Franz zu seinem Vater?

Axel von der Hallig Hooge

Axel wohnt mitten in der Nordsee auf der Hallig Hooge. Eine Hallig ist eine Insel ohne Deiche oder Dünen. Die Hallig wird gelegentlich bei Sturm überschwemmt, und nur noch die Häuser, die auf Hügeln stehen, ragen aus dem Meer. Auf der Hallig wohnen ungefähr 90 Einwohner, aber es gibt recht viele Touristen, die diese Art zu leben, hautnah erleben möchten. Axel ist auf der Hallig Hooge geboren und liebt das Leben dort. Man kommt manchmal nur sehr schwer mit einer Fähre zum Festland, die bei Sturm manchmal gar nicht ausläuft. Aber Axel kennt es nicht anders. Er hat seine Ausbildung damals auf dem Festland in Flensburg gemacht, und nichts hat ihn dort gehalten. Ihm ist das Leben mit so vielen Menschen viel zu hektisch.

Er arbeitete lange Zeit im Gemeindebüro der Hallig, hat sich aber seit einiger Zeit mit einigen Ferienwohnungen selbstständig gemacht. Ihm fehlt fast nichts. Die Hallig hat sogar einen kleinen Kaufmannsladen, in dem er manchmal andere Halligbewohner trifft. Klar, dass Axel alle Bewohner kennt. Das Einzige was ihm fehlt, ist eine Frau. Leider ist es sehr schwierig hier jemanden kennenzulernen. Er hatte schon mal eine Freundin in Flensburg, aber das Halligleben war nichts für sie, so dass die Liebe daran zerbrach. Auf der Hallig ist die Auswahl an Damen leider sehr begrenzt, zumal Axel natürlich in seiner Altersklasse sucht. Er geht langsam, aber sicher auf die 40 zu. Neuerdings nutzt er Kontaktbörsen im Internet zur Partnersuche und hat dort tatsächlich eine Frau in seinem Alter gefunden. Das Beste ist, dass seine Internetbekanntschaft Anja ebenfalls auf einer Hallig wohnt, sogar auf einer kleineren als er. Der Weg dorthin von der Hallig Hooge ist schwierig. Man muss zuerst zum

Festland fahren und danach in ein Boot zu der kleinen Hallig umsteigen. Dorthin fahren noch seltener Schiffe als zur Hallig Hooge. Hinzu kommt, dass Axel häufig viele Feriengäste hat und dadurch nicht lange von seiner Hallig fernbleiben kann. Dennoch möchte er in einem Monat gerne die Reise antreten und Anja treffen. Das einfachste wäre es, sich auf dem Festland zu treffen, aber auch Anja ist es dort viel zu hektisch.

Nach einigen wenigen Treffen mit Anja, merke Axel, dass alles wunderbar funktioniert zwischen ihr und ihm. Axel ist verliebt, und auch Anja hat großes Interesse an ihm. Sie versteht ihn, und - viel wichtiger - sie kennt die Eigenarten der Halligbewohner. Doch leider sehen sie sich nur sehr selten, da der Weg zueinander sehr kompliziert ist. Auch müssten sie sich einigen, auf welcher der Halligen die beiden zusammenwohnen wollen. Für die Hallig Hooge wäre Axels Fehlen ein großer Verlust. Aber auch für das Postbüro der Hallig, auf der Anja lebt, wäre ihr Verlust sehr schmerzhaft. Am Ende ist die Beziehung leider daran gescheitert. Keine Liebe zu einem Menschen kann so groß sein wie die Liebe zur eigenen Hallig.

- Was ist eine Hallig?
- Warum ist es so schwierig für Axel auf der Hallig eine Partnerin zu finden?
- Was macht Axel beruflich?
- Wo haben sich Axel und Anja kennengelernt?
- Warum hat die Beziehung zwischen Axel und Anja nicht funktioniert?

Lisa aus Leipzig

Lisa wohnt in Neuschönfeld in Leipzig. Dieser Stadtteil liegt direkt an der Eisenbahnstraße. Die Eisenbahnstraße ist sehr bekannt. Sie ist sozialer Brennpunkt, alternativ und international zugleich. Hier ist immer viel los. Im Vergleich zu anderen Städten in Ostdeutschland (der ehemaligen DDR) wohnen in Leipzig sehr viele Migranten aus aller Welt. Lisa mag das sehr gerne. Sie ist nämlich von Berlin nach Leipzig gezogen und kennt dieses Flair. Berlin ist ihr leider zu teuer geworden, warum sie nach Alternativen suchte. Leipzig erinnert sie sehr an Berlin vor 20 Jahren. Die Mieten sind noch bezahlbar, und man kann abends auch mal in ein Restaurant gehen, ohne ein Vermögen auszugeben. Lisa hofft sehr, dass Leipzig so bleibt und dass die neureichen jungen Paare und Unternehmer nicht ihre neue Wahlheimat Leipzig entdecken. Das würde die Stadt vielleicht zu einem neuen Berlin machen, was Lisa auf keinen Fall möchte. Diese bodenständige Atmosphäre ist nämlich in Berlin leider verloren gegangen. Darum schätzt Lisa Leipzig nun umso mehr. Das bunte Treiben in der Eisenbahnstraße inspiriert Lisa in ihrem Beruf. Lisa ist Malerin und hat eine kleine Galerie gemietet, in der sie ihre eigenen Bilder zum Verkauf anbietet. Auch das Internet nutzt sie, um ihre Bilder zu verkaufen. Lisa ist nicht reich, aber hier in Leipzig reicht es für ein gutes Leben als alleinstehende Frau mit Mitte Vierzig.

Lisa liegt im Bett und kann nicht einschlafen, denn sie ist immer noch sehr aufgeregt. Heute hatte Lisa einen Glückstag. Sie stand wie jeden Tag in ihrer Galerie und konnte den ganzen Tag nichts verkaufen. Eine Rentnerin und ein Kunststudent kamen zum Schauen vorbei, aber sie kauften leider nichts. Trotzdem liebt Lisa diese

Kontakte und freut sich immer, wenn sich Ladenbesucher für ihre Bilder interessieren. Zu Interessierten der Kunst fühlt sie sich nämlich hingezogen und mental verbunden. Dann kurz vor Feierabend kam ein älterer unscheinbarer Mann vorbei. Er wirkte etwas zerstreut, und seine Kleidung hatte Flecken. Seine grauen Haare waren etwas durcheinander, und seine Brille saß schief. Er war sehr wortkarg. Lisa wollte den Laden langsam schließen. Der Mann war schon recht lange im Laden, und Lisa erwartete nicht, dass dieser Herr etwas kaufte. Sie gab ihm noch 10 Minuten und fing schon mal an, ein wenig aufzuräumen, auch um ihm zu signalisieren, dass gleich der Laden schließt. Plötzlich räusperte sich der ältere Herr: „Hören Sie mal, Sie malen wirklich gut. Vor allem die Strandbilder sind sehr schön gemalt." Lisa antwortete schon etwas genervt: „Vielen Dank, ich würde gleich gerne Feierabend machen. Vielleicht möchten Sie morgen wiederkommen?" Der Mann antwortete: „Ich glaube nicht, dass Sie jetzt Feierabend machen. Sie müssen mir noch die Bilder einpacken." Lisa schaute den Herrn verdutzt an. „Welches Bild möchten Sie denn haben?" Lisa hatte 72 handgemalte Bilder im Laden ausgestellt mit Preisen zwischen 150 Euro bis 3.000 Euro pro Bild. An den teuren Bildern hatte sie besonders lange gearbeitet. Sie sind viel größer und detailreicher. An einem 3.000-Euro-Bild arbeitet Lisa mindestens eine Woche. „Ich kann mich noch nicht ganz entscheiden. Ich finde eigentlich alle gut." Lisa kennt solche Spielchen, am Ende kauft der alte Mann wahrscheinlich gar nichts. Außerdem sieht er nicht so aus, als ob er sich überhaupt ein Bild leisten könnte. „Was soll der Geiz, ich nehme alle!", sagte er plötzlich. Lisa glaubte, sie wird gerade auf den Arm genommen. „Alle?", fragte Lisa, sie rechnete fest mit einem blöden Scherz vor Feierabend. „Ich mache selbst Ausstellungen und finde Ihre Bilder großartig. Ich habe ein privates Kunstmuseum. Wenn ich Ihre Bilder aufgehängt habe, würde ich mich freuen, wenn Sie vorbeikommen und sich alles anschauen." Lisa schoss eine Freudenträne ins Auge. Damit hatte sie nicht in ihren wildesten Träumen gerechnet. Der Herr kaufte tatsächlich alle Bilder. Lisa kann ihren Laden wahrscheinlich erst in 2 Wochen mit einigen wenigen Bildern wieder öffnen. Schließlich hat sie keine Bilder mehr zum Verkaufen. Sie ist überglücklich, sie hatte heute an einem Tag so viel verdient wie sonst in einem ganzen Jahr. Außerdem hat sie nun endlich mal Zeit neue Bilder zu malen, anstatt immer nur im Laden zu stehen. Was aber noch wichtiger ist: Der Mann half ihr, jegliche Vorurteile über Kleidung und sonstigem Erscheinungsbild eines Menschen abzulegen. Irgendwann schläft Lisa endlich ein.

- Warum mag Lisa Leipzig so gerne?
- Was charakterisiert die Eisenbahnstraße in Leipzig?
- Was kostet ein Bild in Lisas Galerie?
- Warum muss Lisa ihre Galerie schließen?
- Warum hat sich Lisa in dem Mann, der die Bilder kaufte, getäuscht?

Simone aus Hamburg

Simone wurde in Hamburg geboren. Sie ist 27 Jahre alt und derzeit Single. Sie hat sich gerade von ihrem Freund getrennt und möchte heute auf den Hamburger Kiez im Stadtteil St. Pauli feiern gehen. Der Hamburger Kiez ist eine Mischung aus Rotlichtviertel und Partymeile. Die Reeperbahn ist weltberühmt. Sie zieht viele Touristen zum Feiern an. Simone wohnt im Stadtteil Eppendorf und muss die U-Bahn zum Kiez nehmen. Dort trifft sie sich mit ihrer Freundin Jule in einer Cocktail-Bar. Die beiden haben sich sehr viel zu erzählen. Jule weiß noch gar nicht, dass es mit Markus, dem Freund von Simone, vorbei ist. „Du hast mit Markus Schluss gemacht?“, fragt Jule entsetzt. „Ihr wart doch zwei Jahre ein Paar und wolltet sogar zusammen in eine Wohnung ziehen.“– „Es ging einfach nicht mehr. Wir haben uns auseinandergelebt. Na ja, heute wird gefeiert, denn ich muss ihn vergessen.“

Drei Cocktails später ziehen sie los. Es ist 0.00 Uhr, was für Hamburger Verhältnisse immer noch recht früh ist, um in eine Disco zu gehen. Sie gehen an der Bar „Frieda B.“ vorbei. Das ist eigentlich keine richtige Disco, sondern eine Bar zum Trinken bei lauter Musik. Die Leute tanzen trotzdem dort. Simone sagt: „Lass uns doch hier noch ein Bier trinken!“ Und sie denkt: „Vielleicht lerne ich ja noch einen netten Mann kennen!?“

In der Bar vergessen beide die Zeit. Sie lernen zwei Freunde aus Lüneburg kennen. Lüneburg ist nicht weit weg von Hamburg. Man kann von dort gut mit dem Zug nach Hamburg zum Feiern fahren. Daniel, der 30 Jahre alt ist und Simones Gesprächspartner, arbeitet sogar in Hamburg. Er arbeitet im Stadtteil Hamburg-Harburg und fährt jeden Tag von Lüneburg mit dem Zug dorthin. Viele Leute fahren aus Lüneburg und auch aus anderen kleineren Städten nach Hamburg zum Arbeiten. Einige Städte in der Nähe von Hamburg sind Stade, Norderstedt oder Buchholz. Deshalb sind die Straßen und die Züge in und um Hamburg herum meistens sehr voll. Hamburg hat über 2 Millionen Einwohner und ist gleichzeitig ein eigenes Bundesland. Eigentlich kann man innerhalb Deutschlands nur Berlin mit Hamburg vergleichen. Beide Städte sind Metropolen, Weltstädte sowie Bundesland zugleich.

Jule trinkt mit Daniels Freund Michael ein weiteres Bier. Beide sind schon etwas angetrunken. Mittlerweile ist es 2 Uhr nachts. Daniel nimmt seinen ganzen Mut zusammen und fragt Simone nach ihrer Handynummer. Irgendwie geht das Simone aber doch etwas zu schnell nach dem ganzen Stress mit Markus. „Tut mir leid, es ist nicht böse gemeint, aber ich möchte dir nicht meine Nummer geben." Das Gespräch mit Daniel war zwar sehr gut und unterhaltsam, aber Simone ist einfach noch nicht bereit dazu, etwas Neues anzufangen. Sein Freund Michael ist eher schüchtern, und Simone beobachtet, dass sich Jule und Michael weniger angeregt unterhalten. Beide wirken gelangweilt. „Komm wir gehen etwas essen Jule", sagt Simone zu ihrer Freundin. Die beiden verabschieden sich höflich und merken, dass die beiden Männer enttäuscht sind, aber egal. Jetzt ist die Reeperbahn voll mit Menschen. Die beiden finden einen Imbiss, in dem es Currywurst gibt. Currywurst mit Pommes Frites gehört zum Lieblingsessen der Deutschen. In jeder deutschen Großstadt findet man sogenannte Currywurstbuden.

Plötzlich kommt ein betrunkener Mann herein und setzt sich einfach neben die beiden. Natürlich fängt er direkt an zu reden: „Hübsch seid ihr beiden. Vielleicht läuft da ja noch was mit einer von euch." Jule und Simone tun zunächst so, als ob sie den jungen Mann nicht bemerken. Er ist ungefähr Mitte 20. Er ist ihnen viel zu aufdringlich. Doch er redet einfach weiter und fängt plötzlich an, den beiden seine Beziehungsgeschichten zu erzählen. Die beiden versuchen weiter den Störenfried zu ignorieren. „Wisst ihr, ich bin einfach verlassen worden, obwohl es gar keinen Grund dafür gibt. Mareike hat mir nur gesagt, dass wir uns auseinandergelebt haben. Was soll das bedeuten? Was ist das Problem? Warum sind Frauen so kompliziert und erwarten immer, dass man sie verstehen muss. Warum seid ihr Frauen manchmal so kalt?" Der Betrunkene fängt plötzlich an zu weinen. Simone kann nicht mehr weghören. Sie fühlt sich sehr an das Ende ihrer Beziehung mit Markus erinnert. Sie wird traurig und bekommt sogar Mitleid. Sie guckt den weinenden Mann an und sagt: „Es tut mir leid, was dir passiert ist! Das meine ich ehrlich. Wir müssen weiter."

Am nächsten Tag ruft Simone bei Markus an und entschuldigt sich für das abrupte Ende. Ein betrunkener junger Mann auf der Reeperbahn hatte dafür gesorgt, dass Simone und Markus wieder ein Paar wurden und später sogar heirateten.

- Wie heißt die bekannte Partymeile im Hamburger Stadtteil St. Pauli?

- Wo wohnt Simone in Hamburg, und wie kommt sie zum Kiez?

- Warum möchte Simone Daniel ihre Telefonnummer nicht geben?

- Was erzählt der betrunkene junge Mann im Imbiss den beiden Freundinnen?

- Was gab den entscheidenden Impuls, dass sich Simone wieder bei Markus gemeldet hat?

Antworten auf die Lernfragen

Dennis aus Dortmund

Wo ist die Einwohndichte in Deutschland am höchsten?
Die Einwohnerdichte ist im Ruhrgebiet am höchsten. Dort reiht sich eine Großstadt an die nächste.

Welchen Ruf haben die Menschen aus dem Ruhrgebiet?
Sie wirken recht grob und sind sehr emotional beim Fußball.

Von welchem Bundesligaverein ist Dennis Fan und welchen anderen Verein aus dem Ruhrgebiet hasst er?
Dennis ist großer Fan von Borussia Dortmund und kann Schalke 04, den Fußballverein aus Gelsenkirchen, nicht leiden.

Warum schickt der Chef von Dennis seine Mitarbeiter am Samstag um 13.00 Uhr nach Hause?
Der Chef schickt sie nach Hause, weil Derbytag ist. Dortmund spielt gegen Schalke.

Warum ist Dennis der junge Mann, der sich zu ihm auf die Bank setzt, sofort sympathisch?
Sie entdecken viele Gemeinsamkeiten. Sie kommen beide aus der Dortmunder Nordstadt, sind Anfang 30 und haben einen ähnlichen Job.

Marie aus Lübeck

Was unterrichtet Marie an der Volkshochschule?
Sie unterrichtet Deutsch als Fremdsprache für Flüchtlinge.

Warum ist Thomas von Kiel nach Lübeck gezogen?
Er kam wegen der Liebe zu Marie nach Lübeck.

Warum kommen Urlauber aus ganz Deutschland an den Timmendorfer Strand?
Der Timmendorfer Strand hat einen breiten Sandstrand. Außerdem ist Ostseeklima sehr mild und das Meer recht ruhig.

Warum gefällt Marie ihre Arbeit so gut?
Marie kann mit dem Fahrrad zur Arbeit fahren. Zusätzlich bereitet ihr das Unterrichten große Freude. Sie hat das Gefühl etwas Gutes zu tun.

Warum kann es passieren, dass Djamal nicht in Deutschland als Arzt arbeiten darf?
Eine Prüfung kann ergeben, dass sein Berufsabschluss nicht gleichwertig zu einem Abschluss in Deutschland ist.

Wie hat sich der Unfall von Marie ereignet?
Auf dem Weg zur Arbeit wurde sie von einem Autofahrer beim Rechtsabbiegen übersehen. Das Auto hat sie einfach umgefahren. Marie wurde sogar bewusstlos und wachte erst im Krankenhaus wieder auf.

Frederic aus Münster

Wo wohnt Svenja, und wo wohnt Frederic (Stadt und Bundesland)?
Svenja wohnt in Osnabrück im Bundesland Niedersachsen. Frederic wohnt in Münster im Bundesland Nordrhein-Westfahlen.

Warum hat Svenja die Beziehung mit Frederic beendet?
Frederic hatte keine Lust so viel Geld für das Bahnticket zu bezahlen, so dass er Svenja nicht so oft besucht hat.

Wozu dienten die drei Körbe an der Lambertikirche?
In den drei Körben am Kirchturm wurden im Mittelalter die Leichen von drei Anführern des Täuferreichs zur Schau gestellt.

Aus welchem Grund möchte sich Frederic einen Hund anschaffen?
Frederic möchte über den Hund mit Frauen in Kontakt kommen.

Was hält die Tochter von Frederics Vermieter von der Idee, dass Frederic einen Hund haben möchte?
Sie sagt, dass die Wohnung zu eng ist. Sie möchte sich aber die Begründung von Frederic anhören.

Eine Reise nach Heidelberg

Wovor hat der Lehrer seine Schüler in Heidelberg gewarnt?
Vor dem süddeutschen Dialekt, der in Heidelberg gesprochen wird.

Was mag Sophie an Marius nicht?
Sie mag nicht, dass er immer nur mit seinen Freunden beschäftigt ist.

Ab welchem Alter darf man in Deutschland Alkohol trinken?
Ab 16 Jahre darf man Alkohol trinken. Hochprozentigen Alkohol darf man allerdings erst ab 18 trinken.

Wozu diente der Studentenkarzer in Heidelberg?
Er diente dazu, Studenten dort einzusperren, die etwas „verbrochen“ haben.

Was unterscheidet Bastian von Marius?
Bastian schenkt Sophie die volle Aufmerksamkeit, während Marius versucht Sophie durch Albernheiten zu beeindrucken.

Mirko aus Dresden

Wo steht Mirko immer mit seinem Taxi in Dresden?
Meistens steht er am Dresdener Hauptbahnhof.

Warum spricht Mirko nur sehr schlecht Englisch?
Dresden gehörte früher zur DDR, in der Mirko zur Schule gegangen ist. In den Schulen der DDR wurde meist nur Russisch als Fremdsprache gelehrt und kein Englisch.

An welchem Ort treffen sich Mirko und Carmen nach der Taxifahrt?
Sie treffen sich in der Altstadt von Dresden direkt an der Semperoper.

Was ist der Dresdener Stollen?
Ein Gebäck, das zur Weihnachtszeit angeboten wird.

Warum war der Vater von Carmen damals in Dresden?
Ihr Vater nahm an einem Schüleraustausch zwischen der DDR und Chile teil.

Emil aus Berlin

In welchem Stadtteil wohnt Emil in Berlin?
In Berlin-Kreuzberg, im sogenannten Bergmannkiez.

Wie hat sich das Stadtviertel von Emil verändert?
Viele Menschen (junge Paare und Familien) aus Süddeutschen sind hergezogen. Es gibt nun schicke Cafés und Läden. Die Mieten steigen, und die echten Berliner ziehen langsam weg, da sie sich das Leben im Stadtteil nicht mehr leisten können.

Wo hat Björn gewohnt, bevor er nach Berlin gezogen ist?
Björn hat vorher in Stuttgart gewohnt.

Wo arbeitet Emil?
Emil arbeitet in einem Baumarkt und bekommt ein mäßiges Gehalt.

Wer ist der Absender von meist harmlos aussehenden Briefen?
Häufig haben Behörden oder Ämter harmlos aussende Briefumschläge.

Warum tut Björn am Ende der Geschichte so, als ob er Emil nicht kennen würde?
Vermutlich fällt es leichter jemanden abzuservieren, zu dem man keine emotionale Bindung hat.

Birgit aus Rostock

Wie heißt der Mann von Birgit, und welchen Beruf übt er aus?
Ihr Mann heißt Bernd und ist von Beruf Meeresbiologe.

An welche große Stadt fühlt sich Birgit erinnert, wenn sie durch die Rostocker Innenstadt schlendert?
Birgit fühlt sich an Amsterdam erinnert.

Welchen Beruf hat Birgit in Darmstadt ausgeübt, und welchen Beruf übt sie in Rostock aus?
In Darmstadt arbeitete sie als Tierarzthelferin. In Rostock hat sie noch keinen Job gefunden.

Wie lange sind Birgit und Bernd ein Paar, und wie alt ist ihr gemeinsamer Sohn?
Sie sind seit 15 Jahren ein Paar. Joachim ist 8 Jahre alt.

Wo war die Familie am Wochenende Fisch essen?
Im Imbiss in Warnemünde. Warnemünde liegt direkt am Meer.

Karl-Heinz aus Freiburg

Welche beiden Länder liegen unmittelbar in der Nähe von Freiburg?
Frankreich und die Schweiz sind in der Nähe.

Was war in den 80er Jahren ein typisches Fortbewegungsmittel für arme Studenten?
Studenten fuhren häufig per Anhalter. Sie hofften darauf, dass sie von jemandem im Auto mitgenommen wurden.

Durch welches Missgeschick haben sich Karl-Heinz und Florence kennengelernt?
Karl-Heinz hat, ohne es zu merken, im Garten der Familie von Florence übernachtet.

Warum hatte Karl-Heinz gegenüber Florences Familie ein schlechtes Gewissen?
Er hatte, ohne zu fragen auf ihrem Grundstück geschlafen und wurde anschließend von der Familie noch zum Frühstück eingeladen.

Welche Sprachen haben Karl-Heinz und Florence mit ihren Kindern gesprochen?
Sie sprachen mit ihnen Deutsch und Französisch, so dass sie zweisprachig aufwuchsen.

Tim aus Hannover

Wie lange wohnt Tim schon in Hannover?
Tim wohnt seit 30 Jahren in Hannover

Was ist ein beliebter Treffpunkt in Hannover?
Ein beliebter Treffpunkt ist die Kröpcke-Uhr.

Warum hat Hannover einen so schlechten Ruf?
Hannover hat eine Innenstadt mit vielen einfachen Betongebäuden, die nach dem 2. Weltkrieg zweckmäßig aufgebaut wurden.

Was hat Tim studiert, und wo hatte er sein Vorstellungsgespräch?
Tim hat Geschichte studiert und hatte ein Vorstellungsgespräch beim Stadtmuseum im Hannover

In welchem Stadtteil von Hannover liegt die Limmer Straße?
Die Limmerstraße liegt im Stadtteil Hannover Linden (Linden-Nord).

Otto aus Mainz

Von welchen Bundesländern sind Mainz und Wiesbaden die Hauptstädte, und wie weit sind die beiden Städte voneinander entfernt?
Mainz ist die Hauptstadt vom Bundesland Rheinland-Pfalz, und Wiesbaden ist die Hauptstadt vom Bundesland Hessen. Mit dem Zug dauert es keine 15 Minuten vom Hauptbahnhof Mainz zum Hauptbahnhof Wiesbaden.

Wann ist Ottos Frau gestorben, und wie viele Kinder hatte das Ehepaar?
Ottos Frau ist vor zwei Jahren gestorben, und Kinder hatten sie nicht.

Wie viele Freunde hatte Otto in seinem Betrieb?
Otto hatte zwei Freunde.

Welche Charaktereigenschaften von Otto sind dafür verantwortlich, dass er nicht so schnell Freunde findet?
Otto ist eher ein introvertierter Mensch und nicht sonderlich kontaktfreudig.

Wo findet Otto neue Freunde?
Otto findet in der Kneipe, die in der Nähe seiner Wohnung ist, neue Freunde.

Sarah aus Bremen

Welche Bundesländer Deutschlands sind größer als Bremen?
Alle anderen Bundesländer sind größer als Bremen, denn Bremen ist das kleinste Bundesland.

Welcher Fluss fließt durch Bremen?
Die Weser fließt durch Bremen.

Woher kommen Sahras Eltern?
Sie kamen als Spätaussiedler aus Russland nach Deutschland.

Wovon handelt die Fabel der Bremer Stadtmusikanten?
Es wird erzählt, dass sich vier schlecht behandelte Haustiere nach Bremen aufmachen, um dort Musiker zu werden.

Welche Entscheidung trifft Sarah bezüglich ihrer Zukunft?
Sarah trifft die Entscheidung zu Hause auszuziehen und sich eine eigene Wohnung in Bremen zu suchen, sobald sie das Abitur geschafft hat.

Murat aus Frankfurt am Main

Warum nennt man den Fluss „Main" immer mit, wenn man über Frankfurt spricht?
Da es noch ein zweites Frankfurt in Deutschland gibt.

Wie half Murat seinen Eltern als Kind bei Behörden?
Er half ihnen mit seinen Deutschkenntnissen und war der Übersetzer der Eltern.

Was kostet für Murat eine Dönertasche, wenn er Döner bei Emre isst?
Für Murat ist die Dönertasche gratis.

Warum fühlt sich Murat Emre überlegen?
Murat hat im Gegensatz zu Emre ein Studium abgeschlossen.

Was muss sich Murat am Ende der Geschichte eingestehen?
Er merkt, dass Emre schlauer gewesen ist als er und mehr Geld und Freizeit hat.

Sven aus Duisburg

Wo liegt Duisburg, und welchen Ruf hat die Stadt?
Duisburg liegt im Ruhrgebiet und gilt als arme Stadt.

Warum nimmt Sven keinen schlecht bezahlten Job an?
Sven bekommt bei Arbeitslosigkeit mehr Geld.

Wo schläft Peter, bevor er bei Sven unterkommt?
Peter schläft unter einer Brücke in Duisburg-Marxloh. Gelegentlich schläft er auch in der Notunterkunft für Obdachlose.

Wovon hat Peter gelebt, nachdem er seinen Job verlor?
Peter konnte ein halbes Jahr von seinen Ersparnissen leben.

Wie sinnvoll nutzt Sven seine Zeit als Arbeitsloser?
Sven hilft ehrenamtlich bei der Essensausgabe für Obdachlose. Außerdem hilft er Peter wieder ins Leben zurückzufinden.

Claudia aus Westerland

Wie groß ist die Nordseeinsel Sylt?
Die Insel ist 38 Kilometer lang und an einigen Stellen nur wenige hundert Meter breit.

Warum ist Claudia auf dem Weg zur Arbeit oft genervt?
Sie ist genervt, da der Zug vom Festland zur Insel häufig Verspätung hat und überfüllt ist.

Warum mietet Claudia keine Wohnung auf Sylt?
Die Mieten sind auf der teuren Insel sehr hoch, was sich Claudia nicht leisten kann.

Wie alt ist Tim, der Sohn des wohlhabenden Mannes?
Tim ist gerade in die Pubertät gekommen, das bedeutet er ist zwischen 12 und 14 Jahre alt.

Was macht Claudia am Ende der Geschichte glücklich?
Sie hat einen guten Job mit Unterkunft angeboten bekommen bei dem sympathischen Mann.

Frank aus Lüneburg

In welchem Bundesland liegt Lüneburg?
Lüneburg liegt in Niedersachsen (im Norden von Niedersachsen in der Nähe von Hamburg).

Warum konnte Frank nicht in Hamburg bleiben und musste nach Lüneburg umziehen?
Die Miete für seine Wohnung in Hamburg ist erhöht worden. Die hohen Mietpreise sind ein großes Problem in Hamburg.

Was ist für Frank ausgleichende Gerechtigkeit, nachdem sein Fahrrad geklaut worden ist?
Frank ist der Meinung, dadurch dass ihm ein Fahrrad gestohlen worden ist, kann er sich auch ein Fahrrad klauen.

Warum möchte Frank das gestohlene Fahrrad umlackieren?
Falls Frank den Fahrradbesitzer in Lüneburg trifft, soll dieser sein Fahrrad nicht wiedererkennen.

Warum kann der Dieb am Ende sagen, dass er kein Fahrrad gestohlen hat?
Weil er das Fahrrad geschenkt bekommen hat, ohne zu wissen, dass es gestohlen ist.

Alexander aus München

In welchem Münchner Stadtteil wohnt Alexander?
Alexander wohnt in Schwabing.

Wofür wurde der Olympiapark in München gebaut?
Der Park wurde für die olympischen Spiele 1972 gebaut.

Was macht Alexander, um nach der Arbeit den Alltag zu vergessen?
Er geht nach der Arbeit häufig in Münchner Diskotheken.

Warum herrscht in vielen deutschen Dörfern ein Ärztemangel?
Die meisten jungen Ärzte wollen lieber in den großen Städten arbeiten.

Wo bekommt Alexander ein Jobangebot?
Er bekommt ein Angebot in einem Dorf in Mecklenburg-Vorpommern zu arbeiten. Das Angebot nimmt er dankend an.

Susanne und Lukas aus Köln

Wo haben sich Lukas und seine Frau Susanne kennengelernt?
Sie haben sich beim Kölner Karneval kennengelernt.

Wie war Lukas beim Kennenlernen verkleidet?
Lukas war als Gefängnishäftling verkleidet.

Wo wohnen die Eltern von Susanne, und warum sind sie auf dem Kölner Karneval?
Die Eltern wohnen in Düsseldorf und wollen auf dem Kölner Karneval die Kölner ein bisschen ärgern.

Warum verstehen Nicht-Kölner die Texte der Musikgruppe „BAP" so schlecht?
Die Gruppe singt ihre Lieder mit starkem Kölner Dialekt.

An welchem Wochentag ist Weiberfastnacht?
Weiberfastnacht ist am Donnerstag vor Karneval.

Johanna aus Nürnberg

Was ist der Christkindlesmarkt, und seit wann gibt es diesen in Nürnberg?
Der Christkindlesmarkt ist ein berühmter Weihnachtsmarkt, und es gibt ihn seit dem 16. Jahrhundert.

Wann beginnen die Weihnachtsmärkte, und was ist das typische Getränk dort?
Die Weihnachtsmärkte beginnen in der Vorweihnachtszeit, meist schon Ende November. Vorwiegend wird dort Glühwein getrunken.

Warum ist Franz von Nürnberg nach Bayreuth gezogen?
Franz hat in Bayreuth nach seinem Studium seinen ersten Job gefunden.

Was macht den mittelalterlichen Charme Nürnbergs aus, bei dem Franz das Herz aufgeht?
Den mittelalterlichen Charme Nürnbergs machen unter anderem die Altstadt, die roten Dächer und die Kaiserburg aus.

Wie ist das Verhältnis von Franz zu seinem Vater?
Früher haben sie sich oft gestritten, doch inzwischen verstehen sie sich gut.

Axel von der Hallig Hooge

Was ist eine Hallig?
Eine Hallig ist eine Insel ohne Deiche oder Dünen. Die Hallig wird gelegentlich bei Sturm überschwemmt, und nur noch die Häuser, die auf Hügeln stehen, ragen aus dem Meer.

Warum ist es so schwierig für Axel auf der Hallig eine Partnerin zu finden?
Auf seiner Hallig wohnen nur 90 Menschen. Dadurch ist die Auswahl an ledigen Frauen in seinem Alter sehr begrenzt.

Was macht Axel beruflich?
Er arbeitete lange Zeit im Gemeindebüro der Hallig. Nun vermietet er seit einiger Zeit Ferienwohnungen an Touristen.

Wo haben sich Axel und Anja kennengelernt?
Die beiden haben sich im Internet über eine Kontaktbörse kennengelernt.

Warum hat die Beziehung zwischen Axel und Anja nicht funktioniert?
Beide sind fest eingebunden in ihr jeweiliges Halligleben und können nicht umziehen. Außerdem können sie sich durch die schlechte Verkehrsanbindung nur sehr selten sehen.

Lisa aus Leipzig

Warum mag Lisa Leipzig so gerne?
Leipzig erinnert sie an das Berlin vor 20 Jahren mit günstigen Mieten und niedrigen Lebenserhaltungskosten.

Was charakterisiert die Eisenbahnstraße in Leipzig?
Sie ist sozialer Brennpunkt, alternativ und international.

Was kostet ein Bild in Lisas Galerie?
Ein Bild kostet zwischen 150 Euro und 3.000 Euro.

Warum muss Lisa ihre Galerie schließen?
Ein Mann hat alle Bilder gekauft, so dass sie nichts mehr verkaufen kann bis sie neue Bilder gemalt hat.

Warum hat sich Lisa in dem Mann, der die Bilder kaufte, getäuscht?
Der Mann wirkte sehr ungepflegt auf Lisa. Dadurch dachte Lisa, dass der Mann kein Geld hat und sie nur vom Feierabend abhalten möchte.

Simone aus Hamburg

Wie heißt die bekannte Partymeile im Hamburger Stadtteil St. Pauli?
Die Straße heißt Reeperbahn und liegt mitten im Partyviertel, dem Hamburger Kiez.

Wo wohnt Simone in Hamburg, und wie kommt sie zum Kiez?
Sie wohnt im Stadtteil Eppendorf. Sie fährt von dort mit der U-Bahn.

Warum möchte Simone Daniel ihre Telefonnummer nicht geben?
Simone hat gerade erst mit Markus Schluss gemacht und ist noch nicht bereit einen neuen Mann näher kennenzulernen.

Was erzählt der betrunkene junge Mann im Imbiss den beiden Freundinnen?
Zunächst belästigt der Betrunkene die beiden und anschließend erzählt er ihnen von seiner gescheiterten Beziehung.

Was gab den entscheidenden Impuls, dass sich Simone wieder bei Markus gemeldet hat?
Die Vorwürfe und die kurze Beziehungsgeschichte des Betrunkenen. Die Geschichte hat sie sehr an ihre eigene Beziehung erinnert. Vermutlich hat sie in den weinenden Betrunkenen ihren Ex-Freund gesehen.

SCHINKEN VERLAG

Inhaber: Julius Robert Wolff, Sokelantstraße 23, 30165 Hannover

Wir sind ein kleiner Verlag und sind für Kritik, Anmerkungen, Lob oder Sonstiges unter dieser E-Mail-Adresse erreichbar:

info@schinken-verlag.de

Printed in Poland
by Amazon Fulfillment
Poland Sp. z o.o., Wrocław

25646950R00084